Gabriel Ringlet

La grâce des jours uniques

Éloge de la célébration

Albin Michel

À Jean-Claude Guyot

« L'éclat du jour se fera un peu plus vif,
le pommier aura l'air plus heureux,
le chêne plus éternel,
et sur chaque visage
la grâce des jours uniques
deviendra quotidienne. »

Emmanuel Mounier

« Seul l'espace de la célébration
peut accueillir la plainte. »

Rainer Maria Rilke

« Il faut dire les choses de tous les jours
avec les mots du dimanche. »

Philippe Delerm

NOÉ

En espagnol, mettre un enfant au monde se dit *dar a luz*, le donner à la lumière. Mais il n'y a pas de mots, je crois, pour le donner à la nuit. Il le faudrait pourtant, car donner à la nuit, c'est aussi donner. Et Dieu sait qu'il coûte, ce don-là.

Jamais je n'oublierai cette chambre au bout du couloir, tout au fond de la maternité. Une chambre qui parlait sobrement. On eût dit qu'elle savait comment accueillir la détresse au lever d'un jour sombre. Aujourd'hui encore, je garde au cœur sa précieuse fraternité.

Je n'oublie pas non plus les femmes qui préparaient l'intervention. Leurs gestes simples et précis témoignaient d'une maîtrise rassurante et d'une grande pudeur. J'avais l'impression qu'une petite communauté toute provisoire venait dresser sa tente pendant quelques heures sur le sable fin de la souffrance. Nous étions en plein désert mais il y avait un puits.

Avant même que la médecin n'avance la main et ne commence son délicat travail d'exploration, j'ai senti que quelque chose d'unique se jouait là, et de grand.

Ai-je le droit de dire grand ? N'est-ce pas donner trop d'ampleur à un moment qu'il faut d'abord accueillir dans l'étroitesse de son silence ?

Je dis quand même grand. Pas que pour moi. Pour la jeune mère. Pour les infirmières, les médecins. Et pour plus large que les nomades que nous étions à ce moment-là. Je dis grand parce que, même ténue, balbutiante, blessée, paralysée... la vie reste grande jusque dans la déchirure du plus infime soupir.

Mais le grand n'est grand que parce qu'il prend corps.

Je ne sais pas combien de temps s'est écoulé. Par contre, j'ai le souvenir précis que je tenais la main de celle qui allait accoucher, qu'une infirmière l'encourageait avec une douce fermeté, que la médecin donnait à une autre des ordres précis et qu'une sorte de voile invisible nous recouvrait de bienveillance.

Je revis encore ces minutes-là, longues et courtes à la fois, si pleines et si fortes, avec le cœur au rythme de l'émotion quand j'entends qu'il va venir, qu'il vient, qu'il est là, que le voilà... À l'instant précis où le petit corps est sorti, une des infirmières, la plus jeune je crois, l'a reçu des mains de la médecin et l'a déposé sur un linge. À peine dix centimètres. Je le revois. Je le revois souvent. Je revois sa tête, ses mains, ses pieds déjà si finement dessinés, ses oreilles, l'ombre de ses yeux. Ce n'était pas un bébé et c'était un bébé.

Après l'avoir présenté pendant quelques secondes, la sage-femme – si délicate – l'a emporté « pour aller le préparer », a-t-elle dit. Je la vois sortir, souriante de tendresse, comme si elle portait en mains la pierre la plus précieuse. Elle est revenue une demi-heure plus tard, l'a déposé sur le ventre de la maman et s'est retirée.

Pendant un long moment, nous l'avons contemplé. Je crois que nous lui avons souri. Il était beau. Si petit. Pas encore un bout d'homme. Juste une promesse. Mais une promesse qui appelait au-delà de la promesse. Tant de douceur au bout des larmes.

Ce devait être un garçon.

Alors nous l'avons nommé du nom qui lui était destiné : Noé. « Le repos », en hébreu. Mais aussi « la consolation ». Il est tellement important de nommer. Ce n'est pas seulement désigner mais reconnaître, ouvrir la porte et laisser entrer. Laisser entrer Noé.

Et puis nous l'avons touché. Une plume de caresse, toute timide. J'ai senti comme un léger tremblement à l'intérieur. Pas de peur, je ne crois pas. D'émotion, sans doute. Mais au-delà, le sentiment, surtout, d'approcher le mystère de si près. Un sacré devenu palpable, une grâce au bout du doigt.

Je retiens par-dessus tout ce moment où nous l'avons recouvert de la main. La maman d'abord. Et puis moi. Et puis les deux. Pour lui donner un toit. Le mettre à l'abri des intempéries. Les nôtres peut-être ? L'envelopper. C'était doux et chaud. Si simple. Évident. Et bon.

L'équipe soignante qui avait accueilli ma présence parce qu'elle me connaissait, et parce qu'elle savait le chemin à poursuivre, nous a permis d'emporter Noé. Je mesure le privilège et j'admire la compréhension d'infirmières et de médecins qui ont su s'écarter des normes.

La maman avait choisi un coffret délicat en bois peint. La toute jeune sage-femme qui, depuis le départ, accompagnait cette route à l'issue incertaine, après avoir aménagé la petite boîte, y a déposé Noé.

J'aime que les célébrations épousent le rythme des saisons. Il y a un temps pour la cathédrale et un temps pour la modeste église de campagne, un temps pour la crypte et un temps pour l'oratoire.

J'ai la joie d'avoir un oratoire à la maison.

J'y tiens beaucoup. Il est tout petit. Quand je m'y assieds, je m'appuie sur la mangeoire où venaient se nourrir les deux vaches qui l'ont habité très longtemps. En aménageant cette vieille étable d'il y a deux siècles, j'ai voulu l'habiller de bois, ce qui lui donne une généreuse chaleur et une odeur très agréable. Ce n'est pas qu'un lieu religieux. J'aime surtout y reprendre souffle. Et je sais que la mangeoire reste vivante. À défaut d'encore y recevoir du foin, elle accueille chaleureusement les peines et les joies qui lui sont confiées.

C'est là que nous avons déposé Noé.

Je vois encore ce beau coffret coloré. Une fleur, toute simple, repose à ses côtés, accompagnée de quelques coccinelles en porcelaine prêtes à s'envoler. Je pense à son âme-coccinelle et j'allume la plus belle des bougies de l'oratoire. Elle va veiller sur lui pendant quelques heures.

À l'entrée du soir, des proches rejoignent Noé au jardin, près d'un magnolia, là où reposent les cendres de Salomé, une toute jeune femme décédée accidentellement il y a peu de temps. Le grand-père du petit a creusé un trou au milieu des fleurs. Le piano d'un oncle musicien repose sur l'herbe. Il fait doux et gris. Quelques paroles s'échangent dans le silence, à la mesure de la pluie silencieuse qui les accompagne. La maman dit merci à chacun, et à Noé. Puis un chant s'élève sur la pointe des pieds.

Il restait à jeter un peu de terre sur le coffret. Une pelletée, et puis une autre encore. J'ai repensé à la main, et à la main sur la main, et à l'emmaillotement du corps. Et à Salomé. Je sais qu'elle veillera sur Noé.

Célébrer le quotidien

Raconter une histoire

La liturgie est d'abord un récit. Célébrer, c'est raconter. Ce qui suppose un lieu, des objets, des mots, des gestes, des mouvements, des musiques, des personnages, une intrigue… Célébrer ne fait pas la morale. Célébrer n'enseigne pas une doctrine. Célébrer ne défend pas des valeurs. Mais célébrer retourne un sol pour qu'un sillon se creuse chez celles et ceux à qui l'histoire est racontée. En faisant mémoire, célébrer rend présente une parole.

Cette parole qui s'est incarnée dans un tout petit territoire, on la reconnaît à son accent particulier, à son vocabulaire concret, à sa phrase où le verbe est premier, à son odeur… Ce n'est pas une odeur forte. Elle ne sent pas la dévotion. Juste un léger parfum de transcendance. Une humble parole araméenne qui n'a rien de glorieux. Elle arrache à la mondanité et donne envie de marcher. Elle fait penser, en cela, au tableau de Vincent Van Gogh, *Les Souliers*, réalisé durant le premier semestre de 1887. Des souliers délacés qui se reposent sur un fond bleu, ce qui donne un peu de lumière et de légèreté au cuir de leur rudesse. Van

Gogh, comme Jésus, ne mélange pas les tons. Tous les deux déposent des traits de couleur, des points, des petites touches assez vives, sans se préoccuper de les relier. Au lisant-regardant de saisir un ensemble, s'il le veut.

Cette humble parole de terroir, habitée par une sorte d'« humilité biologique », selon l'heureuse expression du poète Jean-Pierre Lemaire, rejoint celles et ceux qui l'accueillent par le chas du cœur, comme « une aiguille / attentive au passage d'un fil de lumière / à l'intérieur de soi[1] ». Et elle appelle bien au-delà de ce que les croyants nomment la foi. Car cette parole n'est pas spécifiquement religieuse. Elle est d'abord le cri de l'homme, la blessure de l'homme, la joie de l'homme. Tout court. De tout homme. L'Évangile n'est jamais que l'expression particulière d'une parole plus large. Et cette parole plus large renouvelle l'Évangile. Le plus important, en définitive, n'est pas que cette parole m'instruise, mais qu'elle jubile en moi, et qu'en la jouant, qu'en la célébrant, je trouve ou je retrouve une musique, une vibration, une petite voix d'enfance que je n'osais peut-être plus espérer.

Car il s'agit bien de jouer. Et de jouer comme un enfant. « Le cours du monde est un enfant qui joue », disait déjà Héraclite dans son fragment 52, laissant entendre par là que la genèse primordiale est un jeu et que le royaume appartient à l'enfant.

Jouer, c'est aussi célébrer. Avec des sons, des goûts, des couleurs, des senteurs. Jouer avec des gestes et jouer avec des mots. Un jeu créateur qui s'apparente au jeu de l'écriture. C'est qu'il faut écrire « avec le sérieux d'un enfant qui joue », insistait Borges. Je pense qu'il faut aussi célébrer avec le sérieux d'un enfant qui joue, dans l'innocence et dans la liberté. En sachant que célébrer est superflu. On peut s'en passer. Célébrer ne sert à rien. Sauf à ouvrir le jeu d'une existence et y apporter le souffle ténu d'une liberté. Au sens où Jean-Paul Sartre lui-même dit que la liberté est un jeu, et que cette liberté, il faut la célébrer.

Quand j'interroge mon identité profonde, je crois que je suis fondamentalement célébrant. Et depuis longtemps. Ce n'est pas d'abord une affaire de « prêtrise », car pour moi célébrer dépasse la célébration liturgique. C'est presque une manière d'être au monde. Quand j'écris, je célèbre. Quand j'enseigne, je célèbre. Quand je réponds à un courrier, je célèbre. Et j'espère qu'en célébrant, je célèbre. Et qu'avec l'*ici* qui est *là*, de très ténu ou de très vaste, d'heureux ou de malheureux, parfois de désespéré, je parviens à faire de l'*au-delà*[2]. Car c'est cela le jeu « superflu » de la célébration : refuser de laisser les choses en l'état. On peut vivre sans célébrer, bien entendu. Mais pour soulever la vie, pour l'alléger, pour la porter plus haut et plus loin, nous avons besoin du rite. Il ne supprimera pas la souffrance, mais il peut éloigner la désespérance et faire place à la joie, là où, peut-être, on ne l'attendait pas.

Le rite est en nous. Le rite est une partie intime de nous-mêmes. Et nous en avons besoin comme de pain. On le voit bien quand un événement dramatique vient secouer l'actualité. En quelques heures, souvent, des fleurs, des mots, des photos se déposent, des gestes s'improvisent, des fraternités s'expriment, des défilés s'organisent, des musiques, des recueillements, des silences… autour d'une parole plus célébrante que discourante. Comment qualifier, par exemple, la liturgie qui accompagnait les funérailles de Johnny Hallyday ? Y compris la liturgie médiatique ? C'était bien plus que des obsèques. Nous fûmes « soûlés au Johnny Rocker[3] » du petit jour jusqu'à la nuit. Et que dire des grandes manifestations sportives ? Le rite est partout. Et bien avant l'heure de l'événement. À la maison déjà, le fidèle se prépare à accomplir le pèlerinage qui le conduira jusqu'au temple de sa pratique. À l'heure où les églises ont peine à mobiliser les adeptes du samedi soir ou du dimanche matin, les pratiquants de la messe footballistique n'hésitent pas à célébrer plusieurs fois par semaine. Mais ce jeu-là est-il encore un jeu d'enfant ? Et le rite, dans les stades comme dans les églises, n'est-il pas menacé de ritualisme ?

Le concile Vatican II se posait déjà la question il y a plus de cinquante ans. Et ce n'est pas par hasard qu'en octobre 1962, Jean XXIII décidait de lancer le travail du concile par la réforme de la liturgie. « Le bon pape Jean » marquait ainsi sa détermination à faire prendre à son Église un tournant visible aux yeux de tous. L'événement était d'autant plus significatif que ce projet élaboré avant le concile a été le seul de tous les textes préparatoires à être accepté comme base de travail par les Pères conciliaires. Après 25 assemblées plénières, 678 interventions orales et écrites et des centaines d'amendements, il fut adopté, le 4 décembre 1963, par 2 147 voix contre 4.

Sans entrer dans trop de détails, on peut dire que

ce texte étonnant – la constitution *Sacrosanctum Concilium* – rappelle que la liturgie n'est pas le fait du seul prêtre mais que tous les participants au « Corps du Christ » sont en quelque sorte célébrants. La fameuse « communauté sacerdotale » dont parle la première lettre de Pierre dans le Nouveau Testament[4]. Mais le texte conciliaire ne s'arrête pas là. Il replace la Bible au cœur de la liturgie et s'éloigne du sermon pour valoriser l'homélie. Ce n'est pas rien. Plutôt qu'un commentaire de la doctrine ou de la morale, le prédicateur est invité à relire la Parole à la lumière de l'actualité et à lui donner le plus de saveur possible. J'ai vu – je le dis avec respect – des prêtres de paroisse sombrer dans la dépression tant ils se sentaient incapables de passer du sermon à l'homélie. Alors que le concile les poussait encore plus loin dans le renouvellement des textes, des chants, des gestes et, surtout, de la langue, puisqu'il était désormais permis de quitter le latin pour rejoindre le parler local le plus habituel. Une réforme liturgique qui introduisait aussi la concélébration et permettait la communion au pain et au vin. Mais elle ne se limitait pas à la messe. Toutes les célébrations allaient être revisitées, le baptême, la confirmation, le mariage, la réconciliation, avec un accent tout particulier sur la liturgie des funérailles : une des plus belles réussites de Vatican II. Et comme l'Eucharistie allait désormais se vivre « face au peuple », on comprend que la constitution conciliaire ait voulu rompre avec le faux sacré en choisissant clairement son ecclésiologie : ce n'est plus une foule derrière son (grand) prêtre, mais un célébrant face à sa communauté.

Cette réforme liturgique lancée par Vatican II – on l'a un peu oublié – va beaucoup interpeller le grand public, y compris le plus éloigné des pratiques catholiques. Car il est en question sur toutes les lèvres et dans tous les journaux, y compris les plus populaires. Et comme cette communication de masse ne fait pas dans la nuance, les contemporains du concile, pratiquants ou non, vont retenir une chose de la réforme, et souvent la seule : « On nous change la messe ! » À tel point que *Paris Match* n'hésitera pas à titrer en couverture, photo à l'appui : « Mademoiselle Âge Tendre dit la messe ». Vatican II et le mouvement yéyé en une seule phrase : chapeau ! Alors qu'en réalité, la demoiselle en question – nouveauté quand même ! – faisait une simple lecture…

En provoquant ce tournant liturgique dès 1962, et en encourageant son application progressive de 1963 à 1975, les papes Jean XXIII et Paul VI mesuraient-ils les combats qui se jouaient déjà en coulisse ? Oui, sans doute. Le théologien catholique et laïc Jan Grootaers, qui a suivi de près les travaux de Vatican II, analyse admirablement cette réforme qui allait trop loin pour les uns alors qu'elle était jugée insuffisante par les autres[5]. Avec beaucoup de finesse, il montre comment les forces conservatrices qui avaient animé la préparation du concile dans un sens minimaliste et freiné avec obstination les assises elles-mêmes ont su maintenir leur influence par la suite pour orienter l'interprétation des textes conciliaires dans un sens plus étroit. À l'inverse, et en particulier sur le plan liturgique, certains milieux dits plus « progressistes » ont voulu élargir l'interprétation jusqu'à proposer des expérimentations fantaisistes, comme ces prêtres qui, aux Pays-Bas, célébraient « en veston » et faisaient circuler dans l'assemblée des plateaux de verres de vin consacré, comme pour un apéritif de mariage, sous prétexte d'offrir à la messe une tenue plus festive. Ces relectures de Vatican II, par excès ou par défaut, ne doivent pas faire oublier que, pendant des décennies, beaucoup de paroisses et de communautés dites « classiques » ont su réenchanter une liturgie qui en avait bien besoin. Qu'on se rappelle, par exemple, les célébrations de l'abbaye de Boquen au temps de Bernard Besret (expert à Vatican II !), ou encore la liturgie de Taizé qui a su mobiliser tant de jeunes générations. Jusqu'au jour – et c'est maintenant – où beaucoup de célébrations semblent à nouveau se refermer et se recroqueviller.

Quand j'entre au hasard dans un lieu de culte « ordinaire », j'ai souvent le sentiment que le rite s'est réduit, que son sel s'est affadi. Des mots circulent encore, et des gestes, mais on dirait qu'ils ne sont plus reliés. Certains courants très minoritaires croient s'en sortir en enfermant les rites dans le jardin d'une tradition qu'ils ne font que trahir. Ils ont choisi la répétition mortifère de la certitude. D'autres pensent que réinventer, c'est gesticuler. Au moins, avec eux, on chante et on danse, ce qui est déjà mieux, même si le refrain a perdu la tête. On aimerait tant que l'exubérance de la forme épouse la densité d'un contenu. Il s'en trouve aussi qui abandonnent, un peu tristes, sans qu'on sache toujours ce qui, de l'indifférence ou du découragement, les a poussés vers la sortie du jardin. D'autres encore s'éloignent sans rien dire mais sans renoncer pour autant. Avec l'espoir de voir les rites refleurir près d'une autre source, en des lieux, disent-ils, moins chargés institutionnellement. Et parmi ceux-là, un certain nombre de jeunes soucieux de célébration. Ce n'est pas une concession. Ils y aspirent. Mais hors les murs des temples et des églises. Face à cette situation qui prend de l'ampleur, Bernard Feillet, prêtre et écrivain, se demande s'il ne faut pas retrouver le chemin du puits de Jacob et s'inspirer de la rencontre de Jésus avec la femme de Samarie[6]. Il ne lui dit pas qu'il faut célébrer ici plutôt que là mais « il rejoint l'inquiétude de sa vie, il devine la soif qui l'anime et lui suggère que la réponse qu'elle cherche est en elle, il ne lui parle pas à côté de son désir[7] ». Ainsi, s'asseoir sur la margelle, en bordure, en périphérie... serait le lieu – et le jeu ! – prioritaire aujourd'hui.

Depuis pas mal d'années, j'ai le sentiment de me trouver au bord du puits avec la conviction que « célébrer » reste une aspiration profonde de beaucoup de contemporains. À condition de réenchanter les rites. Et pour que le chant habite à nouveau la célébration, il m'a semblé primordial de donner parole aux témoins de l'actualité et aux créateurs d'imaginaire. J'avoue, très simplement, n'être plus capable de célébrer sans eux. Et en disant cela, je veux aller au-devant d'une possible objection : les poètes, les romanciers, les peintres, les chanteurs, les musiciens, les comédiens, les cinéastes... ne sont pas là pour « moderniser » ou « esthétiser » la célébration. Mais parce qu'à travers l'expression même de leur art, croyants ou non, ils touchent le spirituel en plein cœur.

Une sensualité

Cette parole spirituelle, je peux l'accueillir dans le secret. Ça ne regarde que moi. Mais si je la célèbre, je ne suis pas seul à la recevoir, ce qui suppose des conditions, dont la toute première est de mettre les cinq sens en éveil. Car célébrer doit saisir par les pieds plus que par la tête. Célébrer cherche le contact et passe par le sensible, parce que célébrer est une sensualité.

Il s'agit de *voir.*

Parle-t-on assez de la tonalité visuelle d'une célébration ?

Au départ, le lieu peut avoir la chance d'être « célébrant ». Tant mieux. Une belle crypte romane ouvre la parole avant que le premier mot ne soit prononcé. Mais il importe de donner à voir même là où les conditions de départ sont moins favorables. Car voir peut aussi se construire. Ainsi, j'ai célébré Noël avec une troupe itinérante : Les Baladins du Miroir. Dans une grande salle de concert assez neutre et standardisée, ces artistes de rue ont dressé un chapiteau, monté des gradins, installé une roulotte et placé un coffre à trésors d'où allaient surgir le pain et le vin de l'offertoire… Et si j'ajoute les costumes des comédiens associés à la liturgie, le visuel jouait à plein, du début à la fin. Mais on peut en dire tout autant quand le pape célèbre place

Saint-Pierre dans le rutilant des couleurs cardinalices. Ce n'est pas une affaire d'échelle. Dans une vieille église sans âme comme dans un jeune camp scout au milieu des bois, il est important d'intervenir dans l'organisation de l'espace pour qu'il soit liturgiquement habité. Même en prison, me disaient des aumôniers, l'espace parfois si pauvre qu'on nous concède, il faut pouvoir l'habiller sobrement pour qu'il renvoie de la chaleur et du vivant. Mais cet espace, je le porte aussi en moi, et il peut s'élargir ou se rétrécir. Si je suis amoureux, l'espace où j'arrive s'agrandit. Et si ma tendresse est en berne, l'espace se réduit.

Voir, c'est aussi regarder. Comme célébrant, j'accorde une grande importance au regard : célébrer par les yeux. Regarder le visage quand je dépose le pain dans la main, quand je fais une onction, quand je bénis, quand j'absous, quand je consacre… Et j'attends que, même timide, l'autre me regarde. Je crois à la communion des regards.

« Moi aussi, je regarde », confiait une chanteuse aveugle. « Mais trop souvent, la vue crée l'impatience. C'est un des drames de notre société. Je regarde, et je comprends beaucoup de choses par l'obscur… L'ombre est bienfaisante, même pour mes yeux aveugles, et la nuit a quelque chose de lumineux. Si la nuit est très claire, je la sens sur moi comme un voile, un chapeau tout léger. C'est une autre maladie de notre époque : mépriser l'ombre et vouloir trop vite la lumière. L'aveugle l'accueille plus lentement[8]… » Heureuse célébration quand la nuit claire l'habille d'un simple voile, d'un chapeau tout léger…

Il s'agit d'*entendre*.

Dira-t-on jamais assez l'importance du son d'une célébration ? Cela vaut pour la voix nue comme pour la voix amplifiée, et dès le tout départ d'une liturgie. Ce n'est pas une affaire d'éloquence mais une question de présence et de tonalité. En quelques secondes, celui ou celle qui préside peut offrir – ou non – la chaleur dont l'assemblée a besoin. Une liturgie se « gagne » ou se « perd » parfois sur une pose de voix. J'ai encore souvenir de ce jour d'enterrement où le curé, après avoir expédié le signe de la croix, s'est précipité vers le centre de l'église pour activer un chauffage qui semblait défaillir. Ce cher célébrant a sûrement fait preuve de charité évangélique, mais de là à dire qu'il a réchauffé la liturgie…

Il y a un son du lieu. Et ce son peut modifier le lieu. Une voix peut le réduire et une autre l'élargir. Le cri d'un enfant peut tantôt aspirer tout l'espace au point de rendre difficile la célébration, et tantôt, pour un baptême par exemple, l'agrandir joyeusement. Les chanteurs et les musiciens le savent bien. Le même morceau, avec les mêmes notes et la même harmonisation, en tel lieu et puis en tel autre, sera tout différent. Et les mêmes mots prononcés de la même façon peuvent changer de sens et de son d'un endroit à l'autre et d'un moment à l'autre.

Être attentif au son d'une célébration, c'est aussi permettre à chaque participant de garder contact avec sa sonorité intime. *L'état-musique*, ça existe. Une sorte d'absence-présence à soi-même qui met en communion avec les autres. C'est un bel enjeu spirituel que peut encourager la célébration : aider les participants à garder suffisamment de musique en eux et à entendre chanter leur propre voix à l'intérieur. À écouter le silence aussi. Le silence du lieu et le silence du corps. Faire de son cœur « une église romane vide, écrit Alexis Jenni, où par de fines fenêtres peut entrer la lumière[9] ».

Il s'agit de *sentir*.

J'aime que la liturgie parvienne à créer une ambiance olfactive. Car célébrer doit être aussi une expérience sensorielle.

Parfois le lieu lui-même y encourage. Il arrive qu'il sente bon, en dehors de tout office. L'artiste aveugle dont j'ai parlé dit à quel point l'odeur du bois, par exemple, l'aide à respirer et ouvre tous ses sens, y compris la vue. Et quand ce bois est ciré, comme c'était le cas dans les églises de mon enfance, il donne envie d'entrer, rien que pour l'atmosphère sensorielle. Dans la suite, et comme j'ai dû, par « métier », fréquenter pas mal de sacristies, j'ai toujours aimé l'odeur d'encaustique qu'offraient les meubles et le parquet. Mais j'aime aussi les vapeurs olfactives à la fin d'un office, au moment où le sacristain éteint les lumières et souffle les bougies. Surtout si je reste seul. Comme si une odeur reconnaissante prolongeait la célébration.

Il n'y a pas que le bois, l'encens et les bougies. Il faut y ajouter le parfum. Je l'utilise beaucoup et pense qu'il faudrait le « répandre » davantage, à travers notamment une exploitation bien plus approfondie des parfums de la Bible. La myrrhe, bien sûr, à l'odeur chaude et un peu amère, l'oliban, légèrement citrin, le storax, plus vanillé, et le nard, évidemment, qui libère d'intenses notes balsamiques, plutôt graves, en relation avec l'odeur de l'humus.

Mais sentir, c'est aussi ressentir. Que signifierait une célébration où je ne ressens rien ? La démarche liturgique peut aider à faire remonter en surface des vécus parfois très enfouis, et remettre à jour un parfum oublié. Sentir, se sentir et pouvoir dire d'une célébration, même lors de funérailles, qu'on s'y sentait bien.

Il s'agit de *goûter.*

On parle peu du goût en liturgie. Personne ne va dire qu'il a dégusté la communion ! Surtout quand on utilise, au lieu d'un bon morceau de pain doré, ce substitut un peu fade qu'on appelle hostie. Il pourrait en être autrement...

Au Québec, les moines cisterciens de l'abbaye Val-Notre-Dame, qui me tient tant à cœur, ont décidé de mettre en valeur les produits forestiers comestibles du territoire qu'ils habitent. Ils cueillent et transforment leurs « délices de la forêt » et proposent à la dégustation et à la vente des « têtes de violon marinées », de la « crème de champignons sauvages », des « chocolats forestiers », des « câpres de boutons de marguerite », sans oublier une belle variété de tisanes boisées. Des saveurs nordiques très présentes dans les forêts québécoises et de plus en plus utilisées par les grands chefs cuisiniers.

Je ne propose pas de transformer la célébration en gastronomie fine et d'y introduire des champignons liturgiques ou des chocolats contemplatifs... Mais peut-être serait-il bien de s'inspirer de cette belle initiative monastique pour donner saveur à la célébration ? Qu'est-ce qui fait dire qu'un office a bon goût ? Qu'il était bien équilibré ? Que son assaisonnement le relevait délicatement sans se faire remarquer ? Il ne s'agit pas de créer un Michelin liturgique et de distribuer des étoiles rituelles mais d'encourager chaque communauté, jusqu'à la plus humble auberge d'Emmaüs, à proposer une nourriture inventive, respectueuse de sa tradition et de son terroir.

Il m'est arrivé de participer à des célébrations proclamatoires, prétentieuses, affirmatives, sans émotion, avec un goût d'excès. Je comprends que certains en partent dégoûtés. N'est-ce pas lié à un trop-plein de Dieu ? Même à son insu, la liturgie va proposer – c'est selon – un Dieu sucré, épicé, amer, subtil… Pour ma part, j'aime célébrer un Dieu sur la langue, du bout des lèvres, et qui me laisse parfois sur ma faim. Trop de Dieu écœure. Un peu de Dieu met en appétit.

Je suis sûr d'une chose : la parole que propose la célébration, il ne faut pas seulement la parler, pas seulement l'écouter, mais la manger. « Je parcours depuis longtemps les Saintes Écritures sans un souffle de foi », confie Erri De Luca. « Dans ma lecture, je savoure l'ancien alphabet, ma connaissance se fait par la bouche. L'hébreu ancien tourne comme un morceau entre langue, salive, dents et voûte du palais. Ouvert à chaque réveil, c'est un reste de manne, il prend les parfums désirés sur le moment, comme dans les baisers[10]… »

Dans ma tradition, avec un souffle de foi, et puisque la parole à laquelle je me réfère a voulu se faire chair, il faut aussi qu'elle prenne chair en moi. Y compris liturgiquement. Adonaï le disait déjà à Moïse : « Du haut du ciel, je vais faire pleuvoir du pain pour vous. Le peuple sortira et ils recueilleront la parole du jour en son jour[11]. » Les rabbins ne disaient-ils pas que « seul l'enseignement des "mangeurs de manne" faisait autorité », commente Jacquot Grunewald, qui ajoute : « Manger la manne, c'est manger le Livre[12]. »

En disant « Je suis le pain de vie », rabbi Jésus affirmait à sa manière : « Je suis la Torah qui nourrit »... Et en disant « Ceci est mon corps, mangez-le », il parlait aussi du pain de la Parole « donné pour vous[13] ».

Il s'agit de *toucher*.

C'est ici, ici surtout, que je me sens le plus en empathie avec la démarche rituelle. Pour moi, il n'y a pas, il n'y aura jamais de célébration sans la main. Et si mes mains devenaient paralysées, j'espère que d'autres mains m'entoureraient et prendraient le relais pour que je puisse encore toucher à travers leur toucher.

Je crois que pour célébrer, il faut apprendre à jouer de la peau comme d'autres du piano. Et à interpréter à l'oreille la partition des corps. Déposer sur une blessure, sur une joie, un peu de lumière parfumée. Et accompagner ce geste d'ondoiement d'une onction du regard.

Le poème de Rilke qui parle de la main mûrissante m'a toujours bouleversé. Peut-être parce que j'y vois la main célébrante ?

L'Ange s'adresse à une femme :

Tu n'es pas plus proche que nous de Dieu
Nous en sommes tous loin.

Mais quel prodige que
l'onction de tes mains.
Chez nulle femme elles ne mûrissent ainsi[14].

J'aime cette idée que les mains mûrissent. Je le crois. Je crois que mes mains de célébrant n'ont cessé de mûrir au fil du temps. Je crois aussi que mes mains mûrissent quelquefois pendant une célébration. Quel privilège de toucher, quelle responsabilité. Toucher l'intimité, de la paume et des doigts. Toucher l'intimité d'un front pour soulager. Toucher l'intimité d'une tête pour pardonner. Toucher l'intimité d'un pain pour consacrer. Toucher des mains, des pieds, des cheveux... pour bénir, pour ordonner, pour envoyer.

Pour guérir...

Il m'arrive de poser les mains sur la peau d'une blessure et de sentir qu'un lien intense me relie à celui ou à celle que je touche. Célébrer, c'est aussi éprouver en soi la blessure de l'autre et mesurer que nous sommes à deux dans une même béance. Célébrer en écoutant ce que me dit l'Accordeur d'Eric Fottorino : « Fais de chacun de tes doigts un oiseau[15]. »

Grisailles

Le gris n'a pas bonne réputation.

Pour les uns, le mot vient de l'allemand *grijsen* qui signifie « pleurer ». Pour d'autres, il faudrait plutôt interroger le grec *cryos* et le latin *frigus* qui évoquent le froid. D'ailleurs, en vieux français, le mot gris était utilisé au sens de « froid » et « noirâtre ». Est-ce pour cela qu'à Paris une des statues du parvis de Notre-Dame où il peut faire très froid est surnommée *le donneur de gris* ? Faire *grise mine* à quelqu'un n'est pas très avenant et moins encore le *regarder gris* pour lui signifier qu'on n'est pas content de lui.

Et pourtant, j'aime le gris. Même quand la grisaille parle d'un temps ou d'une vie sans éclat. Car il arrive que le gris éclate. Ainsi, la peinture en grisaille, monochrome, offre une jolie déclinaison du gris et rappelle qu'il existe des gris doux, des gris tendres, des gris forts, des gris bleus, des gris lumineux. Et que les grisailles de l'hiver peuvent avoir une splendide présence.

Toutes ces nuances de gris se retrouvent autour du camaïeu de la souffrance et de la mort. Un gris de tous les âges dont on découvrira qu'il n'est pas qu'une couleur triste, même si, bien sûr, il lui arrive de saigner.

Accompagner jusqu'au bout ces grisailles de la vie m'a toujours paru essentiel. Car c'est surtout quand une existence est blessée, quand elle décline et quand elle s'en va, qu'une célébration doit pouvoir la porter. Je l'ai fait en de multiples circonstances, dans une église pleine à craquer ou devant quasi personne, comme le jour où nous étions trois pour l'enterrement d'un vieux monsieur oublié.

Chacun doit pouvoir bénéficier d'une cérémonie du dernier adieu. Et je me réjouis qu'aujourd'hui, très heureusement, plusieurs groupes ou associations se préoccupent de faire mémoire des plus indigents. Je pense, parmi d'autres, au collectif Les Morts de la rue qui chaque année, à Bruxelles, organise un hommage en souvenir des habitants de la rue qui nous ont quittés. « Nous refusons que les gens meurent seuls et soient enterrés anonymement », insiste ce collectif qui propose une célébration œcuménique où chaque défunt est rendu présent de façon aussi personnelle que possible. Les textes écrits pour rappeler le souvenir d'André, de Laurent, Monique, Stanislaw, Daniel, Ingrid, Mauricio, Janusz ou Shirley… sont souvent très interpellants. Et on découvre qu'une véritable recherche a été entreprise afin de donner visage à celle ou celui qui, trop souvent, l'avait perdu de son vivant. Une célébration à laquelle des représentants des communautés juive, musulmane et chrétienne, mais du monde laïque aussi, s'associent en prenant brièvement la parole. Ainsi, une année, le ministre officiant de la grande synagogue de Bruxelles s'est plongé dans la Torah en disant : « Quand tu moissonneras ton champ, tu laisseras un coin libre, tu ne ramasseras pas la glanure de ta moisson, ce sera pour la veuve, le pauvre et l'étranger. Tu ne grappilleras pas dans ta vigne et tu ne cueilleras pas les grains épars, tu les abandonneras afin que les plus pauvres puissent se nourrir. Ne cause point de tort aux pauvres et aux nécessiteux et ne sois pas impassible devant le sort de ton prochain. » Ce jour-là, la liturgie s'est clôturée par le « rite des oiseaux » devant « l'arbre de la gare centrale ». Un poème d'une éducatrice de rue parlait des « oiseaux de paradis » qu'étaient pour elle ces hommes et ces femmes des gares et des trottoirs. Des envolés appelés à se poser un moment sur cet arbre de la mémoire puisque les organisateurs de la liturgie avaient fait confectionner un oiseau en tissu pour chaque disparu. Une fois ces oiseaux accrochés aux branches, quelques vers du Collectif des poètes de Bruxelles adressés nommément à chaque mort de la rue allaient les encourager à prendre leur envol…

Les pages qui suivent vont évoquer des grisailles moins solitaires. J'ai choisi quelques prénoms parmi tant et tant d'autres que j'ai eu la grâce d'accompagner. Mais je sais que chacun de ceux-là est « nombreux », que chaque histoire, singulière et unique, dit plus que son histoire, que chaque célébration, parce qu'elle est célébration justement, invite à plus large que soi.

Le ton de résonance

Le soin d'Alix Colin, c'est la harpe. Et s'il lui arrive d'intervenir du côté de la grossesse et de l'accouchement, elle privilégie surtout l'ultime mise au monde, parfois jusqu'au dernier souffle.

Pour me faire mieux sentir sa pratique de la harpe-thérapie, elle m'invite dans son atelier car je dois voir ses instruments, me dit-elle, les toucher, les expérimenter. J'entre ainsi dans un lieu dépouillé, une sorte d'oratoire où les harpes en prière s'interrompent pour me saluer. J'apprends qu'elles sont celtiques et proches du *névél* et du *kinnôr* des Hébreux, la lyre et la cithare dont il est souvent question dans la Bible, au Livre des Psaumes en particulier :

Debout névél et kinnôr
Je vais réveiller l'aurore[16]

On comprend mieux encore l'encouragement du psaume quand on sait que les cordes de la harpe vibrent naturellement sous la pression du vent. Un récit très ancien prétend d'ailleurs que le roi David suspendait son kinnôr, la nuit, au-dessus de son lit, pour attraper le vent…

J'admire la prestance de l'instrument qui me fait face dans son élégant costume de bois clair. « C'est de l'érable », me dit Alix en soulignant l'importance d'une lutherie de qualité, « car le bois joue aussi ». J'apprends que ce qui compte par-dessus tout, c'est la durée de la vibration de la corde, particulièrement en thérapie. Pour tenter d'attraper le vent de la souffrance, il faut trouver un bon équilibre entre les graves et les aigus, ne pas donner trop de puissance et communiquer une douceur à travers de longues résonances.

Alix m'invite à m'asseoir en appuyant mon dos contre la colonne de la harpe. Je dois sentir le contact avec l'instrument et faire corps avec lui. Elle commence à jouer et, très vite, les différences de vibrations me pénètrent. Les graves rejoignent plutôt la colonne vertébrale et le système osseux, les aigus, plus aériens, moins corporels, touchent davantage les nerfs alors que les tonalités intermédiaires s'adressent au reste du corps. Je ne m'attendais pas à une telle présence de la résonance, et qu'au-delà de la sensation physique, les vibrations rejoignent à ce point mes chemins intérieurs, comme un écoulement de la musique jusque dans mes fibres les plus intimes.

La harpiste me propose maintenant de prendre sa place et de jouer. Je n'ai jamais joué. C'est la première fois que je touche une harpe. « Tout simple, me dit-elle… Il n'y a pas d'intermédiaire, pas d'archet, pas de “technique” pour produire un son, comme avec le violon. D'un geste, on tire la corde avec le doigt. Elle est tellement sensible qu'on peut faire venir directement *son intention* dans le son qu'on produit. » J'apprends encore que l'ergonomie est très importante, que mon corps doit être détendu, mes mains aussi, et que je ne vais rien gaspiller car mon geste sera utilisé à cent pour cent.

J'ai senti que la magie opérait, comme si, en jouant,

j'entrais dans un espace sacré. C'est que celui qui joue est le plus exposé à la vibration, m'explique Alix, les sons qu'il produit résonnent en lui sur toutes les zones de sensibilité, tous les plexus du système nerveux secondaire. Et du coup, c'est vrai qu'il ouvre comme un lieu de recueillement où il peut se déposer un moment.

Au bout de la rencontre, Alix soulève alors une petite harpe, très légère et sans socle, et me l'attache en bandoulière. Avant même d'avoir touché une corde, je sens qu'une véritable connivence me relie à l'instrument, une proximité complice que je n'imaginais pas. L'ergonomie est toute différente, comme si je portais un enfant dans les bras. Quand j'ai tiré une corde, et puis une autre, je me suis senti très léger, avec le sentiment que la harpe me souriait. Se pourrait-il qu'elle me fasse entrer dans un esprit d'enfance que je dois tenter d'exprimer à mon tour ? Alix me confie que cette petite harpe de si douce proximité, elle la dépose parfois sur le lit d'un malade. Même couchée, rien qu'en gratouillant les cordes, la personne peut produire un son intime et délicat en allant puiser l'énergie de sa musique dans son corps blessé ou fatigué. C'est que la harpe ne ment pas. Elle ne s'impose pas. Elle est vivante et s'adapte avec souplesse à chaque situation. Le but est de prendre soin du corps en espérant que le plaisir « esthétique » fasse déjà du bien. Il arrive, par exemple, que l'anxiété diminue, ce qui n'est pas rien. Mais cette musique toute simple peut aussi prendre soin de l'âme et permettre à la personne en souffrance de se sentir un peu plus « à la maison ». On sait bien que dans la souffrance, on n'est plus vraiment chez soi. L'épuisement, le découragement, l'inquiétude, la dépression… nous mettent souvent « à la porte ». La grâce de la harpe, c'est de reconnecter le soi à soi et d'aider le souffrant à rejoindre, même un peu, « son éternité intérieure ».

Tout au long de cette conversation expérimentale, Alix me parle de l'importance d'entrer en « résonance tonale » avec la personne qu'on accompagne. J'aime beaucoup l'expression. Elle ne vaut d'ailleurs pas qu'en harpéopathie. Mais comment entrer en « résonance tonale » ? Mon interlocutrice dont je sais l'exceptionnelle empathie avoue que la question est délicate. Chaque personne, me dit-elle, est sensible à ce qui résonne dans son environnement. Elle a une longueur d'onde qui lui est propre. « Comment vais-je la reconnaître ? Je cherche parmi les douze notes de la gamme chromatique complète celle qui est la plus proche du ton de résonance du patient ou de la patiente. Si on écrit une symphonie en *sol* mineur, il y a une raison à cela. Si un tableau est peint en bleu et que je change le bleu en vert, ce n'est plus le même tableau. Alors, quelle est la couleur de la personne devant moi ? Dans quel ton se sent-elle bien ? Il ne suffit pas que ce soit beau et que je lui fasse plaisir. Je dois dépasser le divertissement. »

Pour rejoindre ce « plus loin » et trouver le ton de résonance, Alix utilise trois critères. Elle observe d'abord délicatement le lieu. Comment résonne l'endroit où elle se trouve ? Et la voix de celui ou de celle qu'elle rejoint ? Quelle note fait-elle entendre ? Parle-t-elle en *do* ? Est-elle proche de la terre ? Et son énergie ? Sa respiration ? Son regard ? Ses mouvements ? La façon dont elle bouge en dit déjà beaucoup. Ensuite, Alix s'observe elle-même. « Qu'est-ce qui résonne en moi ? Si je sens du bleu chez le patient, est-ce qu'au même moment je sens du bleu en moi ? » Enfin, elle observe sa harpe. Comment réagit-elle ? Comment vibre-t-elle ? Est-ce que ça sonne vraiment ou n'était-ce qu'une projection de sa part ?

Mais il ne suffit pas d'identifier le ton. Il faut encore choisir le mode, c'est-à-dire sa couleur, et le rythme, le phrasé le mieux adapté à la respiration de la personne. Et quand elle ne parvient pas à débusquer le ton de résonance, ce qui est rare, elle joue dans son ton à elle, en laissant des espaces où la personne pourra entrer.

Comme je demande encore à Alix de me raconter quelques-uns de ses accompagnements, elle me parle d'abord des ateliers de chant prénatal qu'elle organise pour des femmes enceintes. La future mère peut être seule, me dit-elle, comme Antonia. « Je jouais pour son bébé à naître. Je pensais à l'algue ballottée dans le courant de la rivière, stimulée ou bercée par l'onde, comme tout homme dans le flux de la vie. C'était un jour gris de pluie. Et voilà que soudain un rayon de soleil tout à fait inattendu traverse la fenêtre et vient se poser sur le ventre rond. Court instant de grâce. »

Une chose est sûre, me dit encore Alix, le ton de résonance fonctionne dès le début de la grossesse. Si une maman s'appuie contre la harpe, le bébé va très vite sentir la vibration. Et quand les mères accompagnées de leurs petits me demandent de poursuivre l'atelier après la naissance, je constate que les bébés reconnaissent aussi ma voix...

Il arrive, mais plus rarement, qu'Alix soit présente à l'accouchement. « Là, je suis "dans le brut" de la démarche thérapeutique. Jouer pour une maman en travail, c'est s'inscrire dans la survie et concevoir un accompagnement aux prises avec la douleur, le doute, la fatigue, l'incertitude... Mais quand l'enfant est là, je m'inscris davantage dans l'esprit de la célébration. Mon jeu se fait alors récit de ressaisissement et j'interprète la gratitude, l'émerveillement et le repos. »

Quand elle évoque sa présence – la plus fréquente – en fin de vie, Alix pense d'abord à cette personne que la maladie de Charcot paralyse complètement et qu'elle va accompagner jusqu'à l'euthanasie. Elle jouera pour elle à trois reprises. Avant l'acte, d'abord, deux fois, dans l'extrême du dépouillement. Seule une aide-soignante assiste à ce moment de tendre fragilité. Et puis au moment du départ, en présence de l'équipe soignante et des proches. « J'ai tenté de trouver une tonalité enveloppante et protectrice autour de ce geste si bouleversant. Mais je voulais aussi inviter au voyage et évoquer ce bateau dans lequel on était tous embarqués avec elle, si proches. Un rythme lent dans une couleur de grâce et de paix. »

Après le décès de son épouse, le mari, en grande souffrance, a demandé à Alix de rester seule avec lui et de jouer encore. Sa musique, disait-il, l'aidait à ne pas sombrer. Pendant qu'elle jouait, il parlait à sa défunte. « C'était bon, se souvient-elle, mais pas que pour lui :

je suis convaincue que même mort, un corps peut être bercé par la harpe. »

Les bols chantants

Kinésithérapeute, spécialisée en neurologie, respiratoire adulte et pédiatrique ainsi qu'en soins palliatifs, Sophie M. s'est aussi formée au massage sonore et vibratoire qui va bien au-delà d'un simple rapport au corps : la technique des bols chantants.

Ces bols fabriqués en Inde et au Népal selon des techniques ancestrales invitent à la méditation. Les bouddhistes les utilisent depuis longtemps pour leurs célébrations. Mais c'est un scientifique allemand, Peter Hess, qui en a inventé l'usage à des fins thérapeutiques. « Les sons vous transpercent, m'explique Sophie, ils vous touchent l'âme, ils vous mettent à nu et vous invitent tantôt à la joie, tantôt à la tristesse, mais surtout à un chemin vers plus grand que soi. » Au-delà de toute sphère religieuse, précise-t-elle encore, « ces sonorités invitent à marquer un temps, à chanter, honorer, rendre hommage, célébrer… ».

Je suis allé voir Sophie et elle m'a proposé d'expérimenter. J'ai découvert, surtout, comment elle avait fait entrer ses bols dans sa pratique d'accompagnement de la souffrance physique ou psychologique pour qu'ils permettent à la personne de se mettre à l'abri de l'angoisse, m'explique-t-elle, et de retrouver de la sécurité. Au moment de mourir en particulier. Par la création de toute une ambiance sonore, ils aident à rejoindre une expérience originelle, à renouer avec le sentiment océanique d'avant la naissance. Dans le ventre de sa mère, on n'entend que des sons. Et au moment où le souffle s'en va, il est bon de réentendre ces sons-là.

Sophie me raconte alors l'histoire d'une dame atteinte d'un cancer métastasé. Elle l'accompagne en kinésithérapie palliative depuis plusieurs mois et mesure qu'elle est inquiète, tendue, insomniaque, et que ses exercices de mobilisation douce n'apportent pas la détente espérée. Elle lui propose alors de découvrir une autre approche que la kinésithérapie : le massage sonore et vibratoire.

La première fois, le résultat ne lui semble pas évident. Il n'est pas simple de s'adapter à un lieu et à un corps douloureux sous le regard énigmatique du conjoint. Sophie ne se sent pas à l'aise et a le sentiment de n'avoir pas apporté la détente espérée. Elle ne parle plus des bols. Mais trois semaines plus tard, pendant un massage « classique », sa patiente lui dit : « Tu reviendras, Sophie, avec tes cymbales ? » Jolie invitation que la thérapeute va honorer deux jours plus tard. Elle sort alors de son sac six bols et un carillon et se met à les installer délicatement car la mise en place des objets compte beaucoup dans pareille démarche. Et comme pour toute chorégraphie de précision, il faut pouvoir à la fois s'appuyer sur un prescrit et laisser place à l'inattendu.

La patiente a fermé les yeux. Son corps s'est abandonné et ses mains se sont ouvertes. Sophie savait ce corps en profonde mutation, gonflé, décharné, et si douloureux. L'approcher ne pouvait être que léger. Elle a commencé par les pieds. Parce que les pieds disent tout le corps et parce qu'ils ont foulé l'herbe d'une vie. Elle a pris le plus grand de ses bols, l'a frappé avec un petit marteau en tissu et, à trois reprises, l'a fait passer au-dessus du corps avant de le déposer à la tête de la dame et d'en placer un autre, plus petit, à ses pieds. Elle frappait le premier bol, puis le deuxième, en passant rapidement de l'un à l'autre pour créer un pont sonore qui enveloppait la patiente d'un léger voile musical.

Très délicatement, elle a déposé le grand bol aux sons graves sur le plexus solaire et l'a fait chanter. Les vibrations se propageaient dans tout le corps en créant une alliance subtile entre force et douceur, surface et profondeur. Puis elle a fait glisser le bol sur le ventre et en a pris un autre, aux harmoniques plus aiguës, pour toucher les jambes, les bras et les pieds, avant de faire chanter tous les bols en chœur, plongeant ainsi la personne souffrante dans un véritable bain sonore.

La patiente s'est mise à pleurer.

« J'ai recueilli son émotion, me dit Sophie, en continuant à faire résonner les bols, comme en écho à son chagrin. Puis je me suis assise sur le lit et je lui ai pris la main. »

– Tu as vu toutes ces larmes avec tes musiques ?

– J'ai vu.

– Eh bien… tu sais… avec les bols… c'est comme si j'étais déjà un peu là-haut et encore ici. Tu vois… c'était comme un passage. Et ce passage était paisible, même si je suis triste de quitter les miens.

Le dernier massage sonore a eu lieu la veille de son décès en présence de ses filles. Elle n'a pas réagi lorsque Sophie s'est approchée d'elle. Mais dès que le premier son a retenti, elle a ouvert les yeux en cherchant la main de sa kiné. « J'ai posé mon bol, me raconte Sophie, et j'ai pris sa main. Pas besoin de parler. Ce fut un beau moment de célébration. J'ose le mot. Les bols célébraient le corps, la vie, la famille, le souffle qui s'éteint, la tristesse, la confiance, le mystère… »

Quelle chance, le son ! s'exclame le philosophe Martin Steffens. « Nous, Terriens, n'imaginons pas la chance que nous avons : sur notre planète, les choses rendent un son. Dans l'Espace, au contraire, même le choc de deux satellites est parfaitement aphone : les ondes, faute d'air, ne se répandent pas. Il y règne un silence de mort. Or nous avons vitalement besoin de notre environnement sonore. Nous avons spirituellement besoin de cet écho des choses sous nos doigts. Oui, *spirituellement* : l'homme est devenu musicien en même temps qu'il devenait plus homme. Il faisait sonner le monde à mesure que son intériorité se creusait. Son intériorité ? L'intériorité est l'aptitude à accueillir en soi une chose sans la dévorer. Ainsi le poème que l'on sait par cœur : il est au creux de nous, tout en restant offert à tous. Ainsi la parole que je médite ou l'être que j'aime : ils sont en moi, mais gardent leurs vies propres. L'homme profond a en lui une large demeure. »[17]

J'ai bien compris qu'à partir de sa « large demeure », Sophie avait « spirituellement besoin » de l'écho de ses

ses bols avec son marteau en tissu et encensait de sons le corps abandonné sous ses yeux. Et j'ai senti l'odeur de la fumée musicale qui s'élevait dans la pièce. J'ai entendu aussi sa quête d'une parole « célébrante ». Je la mets en relation avec une autre parole de Martin Steffens : « En sondant la profondeur des matériaux, en tendant des peaux sur des casseroles, en creusant les bois pour y placer son souffle, l'homme cherchait à vérifier que l'intériorité était aussi dans les choses. Si la musique nous rassure ou nous emporte, c'est que, faisant sonner la matière, elle laisse entendre que les choses aussi ont une profondeur. Elle met en dialogue l'intimité de l'homme et celle de la nature. Le jour où j'ai compris cela, ma façon de jouer de la batterie a changé : je ne tape plus sur l'instrument comme d'autres cognent sur les bourgeois. Je fais vibrer la peau de mes fûts en me réjouissant d'habiter ce monde qui rend à l'homme son écho[18]. »

À travers sa célébration et en faisant vibrer la peau de ses bols, et de ses mots, je sais que Sophie rend aussi à l'homme son écho.

Mère de la promesse

En entrant dans la chambre, je ne m'attendais pas à trouver une jeune femme aussi apaisée. Sarah portait légèrement ses quarante ans et dégageait, au premier contact, une sérénité surprenante pour quelqu'un que la maladie giflait avec une telle violence.

– Bonjour, dit-elle en gardant quelques secondes ma

ses bols avec son marteau en tissu et encensait de sons le corps abandonné sous ses yeux. Et j'ai senti l'odeur de la fumée musicale qui s'élevait dans la pièce. Une vraie liturgie. J'ai entendu aussi sa quête d'une parole « célébrante ». Je la mets en relation avec une autre parole de Martin Steffens : « En sondant la profondeur des matériaux, en tendant des peaux sur des casseroles, en creusant les bois pour y placer son souffle, l'homme cherchait à vérifier que l'intériorité était aussi dans les choses. Si la musique nous rassure ou nous emporte, c'est que, faisant sonner la matière, elle laisse entendre que les choses aussi ont une profondeur. Elle met en dialogue l'intimité de l'homme et celle de la nature. Le jour où j'ai compris cela, ma façon de jouer de la batterie a changé : je ne tape plus sur l'instrument comme d'autres cognent sur les bourgeois. Je fais vibrer la peau de mes fûts en me réjouissant d'habiter ce monde qui rend à l'homme son écho[18]. »

À travers sa célébration et en faisant vibrer la peau de ses bols, et de ses mots, je sais que Sophie rend aussi à l'homme son écho.

Mère de la promesse

En entrant dans la chambre, je ne m'attendais pas à trouver une jeune femme aussi apaisée. Sarah portait légèrement ses quarante ans et dégageait, au premier contact, une sérénité surprenante pour quelqu'un que la maladie giflait avec une telle violence.

– Bonjour, dit-elle en gardant quelques secondes ma

main dans la sienne. Et merci d'être venu. Cela me fait tellement plaisir.

– Moi aussi, Sarah, je suis heureux de vous rencontrer. Quel beau prénom vous portez !

– Je l'aime beaucoup. Si j'ai bon souvenir, un prénom annonciateur d'avenir...

– C'est vrai : « mère de la promesse » en hébreu. L'histoire d'un refleurissement au seuil de l'hiver.

– J'ai lu dans la Bible que mon ancêtre était morte à cent vingt-sept ans ! Et qu'elle avait quatre-vingt dix-ans à la naissance d'Isaac. Je ne serai pas très fidèle à la promesse des Écritures puisque la bible médicale ne me promet que quelques semaines... Et je n'ai pas attendu la vieillesse pour mettre ma petite Jade au monde. Elle n'a que neuf ans !

– Comment vit-elle le rude chemin de sa maman ?

– Elle sent beaucoup les choses mais ne les exprime pas. Elle vient, me prend la main, me cajole et parle très peu. À l'école aussi elle se tait. Et pour mon ami, c'est pire. Il ferme les yeux dans une sorte de faux naturel, comme pour ne pas voir que je m'en vais. Je tente d'accueillir leur silence. Je ne sais pas ce que je ferais à leur place. Je voudrais tant les encourager. J'ai commencé à leur écrire et j'espère avoir le temps de terminer mes « Lettres de l'au-delà ». J'ai mendié quelques heures aux médecins... Des lettres qu'ils n'ouvriront que petit à petit. Ainsi, je viens d'écrire à Jade pour son mariage. C'est tout naturel que maman soit à ses côtés ce jour-là ! Je lui ai aussi écrit pour la naissance de son premier enfant... Pour mon ami, c'est plus difficile. Je l'aime follement et je ne veux pas l'emprisonner dans mon courrier. Lui dire mon amour, sûrement. C'est si bon d'avoir été aimé ! Et meilleur encore si cet amour ne pèse pas. Je veux juste l'accompagner s'il en a besoin, et me retirer quand je dois me retirer…

Je suis bouleversé par sa confidence et me risque à lui demander :

– Sarah, vous pensez à eux. Mais vous ? Quel est le secret de votre dépouillement ?

– Oh ! J'étais une battante, très soucieuse de faire tourner mes affaires, et j'y arrivais ! Je ne regrette pas. Et pourtant, au cœur de cette agitation, quelque chose m'appelait, ou quelqu'un. Une voix à peine perceptible à laquelle je prêtais parfois une oreille distraite. Je ne parlais à personne de ce chemin de traverse, mais il m'arrivait quelquefois de tourner la clé et de m'enfermer avec un poème. Ou de disparaître en vacances, une heure seulement, peut-être deux, pour aller regarder mon propre paysage dans un miroir secret. Et puis la maladie est arrivée… Je suis restée battante, les services peuvent en témoigner, mais le chemin de traverse a reçu ma visite plus souvent. Au début, je me suis révoltée, comme beaucoup. Mais au cours du temps et plus encore ces derniers mois, au fil des métastases, ma vie intérieure aussi migrait et changeait d'endroit. Un peu comme si le déplacement du foyer morbide s'accompagnait d'un déplacement spirituel. J'aimais à nouveau la vie. Je l'aimais fragile, je l'aimais boiteuse, et même mutilée. Pas une vie rêvée. Ma vie ! Avec ma fatigue, avec mon cancer, avec ma chimio… Ça va ? Vous ne me prenez pas pour une folle ? Aimer sa chimio ! On en a enfermé pour moins que ça…

– Je n'ai pas entendu que vous « aimiez » la chimio… mais que cette vie, au fur et à mesure de son rétrécissement, vous l'invitiez à s'élargir, que vous donniez noblesse à l'étroitesse.

– En tout cas, j'ai senti qu'un chant se déployait en moi. Si on m'avait dit un jour qu'une chambre d'hôpital pourrait devenir un oratoire ! Et qu'une transfusion s'inviterait à la liturgie… C'est aussi pour cela que je souhaitais vous rencontrer. Avant de partir, j'ai besoin d'une célébration. Sans aucune solennité. Ici, je voudrais rester dans l'étroitesse. Je ne souhaite pas de témoins. Pas même ma fille ou mon compagnon. Rien que vous, si vous permettez. J'éprouve le profond besoin de m'en remettre à plus grand que moi. Je ne sais pas comment l'appeler et cela m'importe peu. Mais il m'importe beaucoup d'être reçue dans cette offrande-là, et de déposer dans vos mains ma part manquante et ma part gratifiante. Voulez-vous recevoir mon vide autant que mon plein ?

Jamais personne ne m'a demandé cela, de cette manière-là en tout cas. Je m'assieds au bord du lit, j'ouvre un petit flacon d'huile parfumée et, en silence, je marque le front et les mains de celle qui vient de me confier le trésor de sa pauvreté. Et puis je l'invite à déposer ses mains dans les miennes. Je les contemple, je rends grâce et je les soulève, lentement, comme il m'arrive de présenter l'hostie au-dessus de ma patène. Je viens de célébrer pour la première fois la consécration des mains. Ai-je jamais aussi bien compris le sens de l'élévation ? Il est grand, le mystère de cette élévation-là.

De retour sur terre… je lui dis :

– Sarah, pour clôturer notre toute petite célébration, j'ai un cadeau pour vous.

– Les mains, c'était déjà un cadeau !

– D'autres mains encore… Je sais que vous connaissez Alix et qu'elle a déjà joué pour vous.

– Bien sûr. Et elle m'a beaucoup apaisée.

– Elle nous attend dans le couloir. Je la fais entrer.

– Avec joie.

Alix était un peu encombrée en déposant sa grande harpe tout en portant la petite en bandoulière. On aurait dit la mère et l'enfant. Après avoir salué Sarah, elle l'a redressée, lui a placé des coussins dans le dos et a déposé la petite harpe sur ses jambes en l'invitant à bien faire corps avec elle, puis elle a dit :

– D'habitude, vous m'écoutez… Mais aujourd'hui, nous allons jouer ensemble. Regardez comme cette jeune harpe vous va bien. Je vous la confie. N'ayez crainte. Je la connais… Elle est très soignante et très apaisante. Si vivante aussi. Mais elle ne s'impose pas. Elle vous attend. Avec elle, vous allez tisser un lien qui n'est pas ordinaire. Et je vous accompagne. On y va ?

– D'accord.

– Pour commencer, je vous propose simplement de caresser l'érable de la harpe. C'est un bois doux et tonique dont les fibres sont très sensibles. Toucher sa peau, c'est déjà un soin. Ensuite, vous apprivoisez les cordes du bout des doigts, très simplement, à votre rythme, le temps que cette légère pluie se mette à chanter en vous. Et quand, intérieurement, vous vous sentirez prête, d'un simple geste, vous tirez une corde vers vous, et puis une autre, et une autre...

Elle a commencé...

Elle sentait bien que tirer une corde n'avait rien d'anodin et que la fragilité de son corps se mobilisait pour lui offrir un sursaut d'énergie. Son doigté était tout léger. Elle n'avait pas souvenir d'avoir déjà vibré comme ça. Le moment était à la fois magique et sacré. Elle se sentait vraiment chez elle, heureuse que l'éternité frappe ainsi à sa porte et demande à s'asseoir.

Les deux femmes ont improvisé un psaume en se répondant l'une l'autre comme si elles chantaient l'office ensemble depuis longtemps, jusqu'à ce que la harpe dépose délicatement sa dernière note sur le drap de lit.

Je me suis approché du lit pour l'embrasser et lui dire adieu :

– On se reparlera, Sarah. Sans doute pas ici. Mais je vous rendrai visite. Et j'espère que vous aussi vous me ferez signe. Les présents ont besoin de la voix des absents. Mais les absents ont aussi besoin d'une voix qui les appelle hors de l'absence.

– Je suis mère de la promesse...

– Alors vous m'écrirez une lettre ! Prenez votre temps. Et si la page reste blanche, je tenterai de la déchiffrer...

Un petit sacrement

Il fut un temps où, avant de mourir, des personnes, même peu pratiquantes, demandaient le « sacrement ». Il a bien évolué en quelques décennies, le « sacrement ». J'ai encore souvenir du jour où, par téléphone, une famille m'appelle, un peu pressée, pour que je vienne donner à un vieux monsieur ce qu'on appelait encore à l'époque l'« extrême-onction ». J'étais ordonné depuis quelques semaines à peine et j'arrive sans tarder à l'adresse indiquée. Je sonne, pas de réponse. Je sonne à nouveau un peu plus longuement, personne ne vient m'ouvrir. Je frappe à la porte, en vain, et finis par entrer. Je me trouve dans un vestibule et j'appelle. Grand silence. Je vérifie l'adresse. Pas d'erreur, je suis au bon numéro. Trois portes intérieures donnent sur le couloir mais aucune n'est ouverte. Je frappe à la première, rien. La deuxième, rien. La troisième, toujours rien. Un peu décontenancé et me sentant presque dans la peau d'un intrus, j'ouvre tout discrètement la première porte, la plus proche de la rue, et je vois un bureau, vide. Je tente la suivante et découvre une salle à manger, tout aussi vide. Avant même d'ouvrir la troisième, je me dis que si je fais encore chou blanc, pas question de monter à l'étage. Mais c'était la bonne. Il faisait très sombre, presque noir, les volets complètement fermés. Une lampe fort timide m'indiquait la présence d'une personne couchée dans un lit. Je risque : « Monsieur ? » Pas un mot. Pas un râle non plus. Je répète : « Monsieur ? » Aucun mouvement. Rien ne bouge. Je m'approche du lit et découvre que la personne est morte. Ma petite expérience d'infirmier, acquise au service militaire, me permet même d'affirmer qu'elle est morte depuis plusieurs heures.

Je reviens dans le couloir et j'appelle : « Y a quelqu'un ? » À mon avis, il y a sûrement quelqu'un, et même quelques-uns… car je devine de la présence, peut-être dans la cuisine. Mais fini les explorations. Je rejoins le défunt et me mets à lui parler gentiment. Après tout, il n'y est pour rien et je n'ai pas à lui imputer un accueil aussi froid. Je me permets quand même de lui expliquer que pour le sacrement, c'est un peu tard ! Je veux bien repousser l'onction jusqu'à l'extrême, mais là, l'extrême est dépassé. Qu'il ne s'en fasse surtout pas. C'est l'intention qui compte. Et puis Dieu n'est pas formaliste. J'improvise une prière que j'espère aussi chaleureuse que possible, je récite un Pater, un Ave, je fais un signe de bénédiction et viens lui tapoter la joue, question de lui dire : « Te tracasse pas ! Là-haut tu seras moins seul. À Dieu, mon mort inconnu. »

J'ai su plus tard par une rumeur de voisinage que les quelques proches s'étaient, de fait, réfugiés dans l'arrière-cuisine, sans jamais pouvoir identifier quel malaise les avait ainsi tenus à l'écart. Mais comme entrée sacramentelle par la porte de la non-extrême-onction, j'étais baptisé !

Avec Clémence, j'ai vécu l'autre extrême. Un si bon extrême.

Il y avait là, outre la grand-mère mourante, sa grand-tante qui m'avait appelé, son frère aîné et sa mère.

Très vite, je sens que le courant passe avec la malade, manifestement très heureuse de me voir arriver, même si elle a peine à garder les yeux ouverts un long moment.

Clémence va beaucoup m'aider. En me surprenant. Car j'ai à peine salué chacun que je la vois grimper sur le lit et se mettre à caresser sa grand-mère avec un petit galet coloré. Dans les cheveux d'abord, et puis sur le front. Elle continue, le visage, les bras, les mains... La mamie ouvre les yeux et regarde sa petite-fille. En tendant l'oreille, on devine qu'elle prononce son prénom.

– Elle est jolie ta pierre.

– C'est pour aider mamie, me répond la petite, et elle saisit la main droite de son aïeule et la déplie, doigt après doigt.

Elle dépose le caillou dans la paume puis replie chaque doigt en s'assurant que grand-maman tient la main bien fermée sur la pierre précieuse. À ce moment-là, un vieux sourire en rencontre un tout jeune, comme s'ils étaient seuls au monde. Rien que pour assister à ce lever de soleil, cela valait la peine d'être là. La liturgie avait déjà commencé.

M'adressant à la grand-mère, bien plus présente qu'il y a quelques minutes, je lui dis :

– Nous allons vivre ensemble le sacrement de l'encouragement comme vous le souhaitez.

La vieille dame fait oui de la tête.

– C'est quoi un sacrement ? me demande Clémence.

– C'est un geste très doux, comme une caresse. En caressant ta mamie si magnifiquement, tu lui as donné un petit sacrement...

– Et dans ton flacon, c'est quoi ?

– De l'huile. Parce que, vois-tu, pour donner cette caresse, souvent, on se sert de choses toutes proches, de tous les jours, comme de l'eau, du pain, du vin, de l'huile…

– C'est pour qu'on soit heureux ?

– Mais oui ! Pour encourager. Pour soulager. Pour aimer. Les amoureux aussi peuvent se partager de l'huile parfumée.

– Ton huile, elle est parfumée ?

– Viens sentir.

– Ça sent bon ! C'est quoi le parfum dedans ?

– Du cinnamome. C'est un grand mot pour dire la cannelle. Le cinnamome, c'est simplement de la fleur de cannelle, très réputée pour son arôme.

– Maman en met dans les galettes.

– Je comprends. En hiver, elle donne aussi très bon goût au vin chaud.

– Et elle va donner bon goût à mamie !

– Tu peux le dire comme ça ! Alors, Clémence, tu vas m'aider à caresser ta grand-maman avec cette huile parfumée ?

– D'accord.

– Mais d'abord, cette huile, je vais lui parler.

– On peut parler à l'huile ?

– Oui, pour qu'elle soit vivante. Tu ne parles pas à ta pierre, toi ?

– Si !

– Tu vois. Alors moi, je parle à l'huile, je la bénis.

– C'est quoi bénir ?

– C'est dire du bien. Je vais dire du bien sur cette huile pour qu'elle soit bonne.

– Et pour qu'elle fasse du bien à mamie !

– Tu as tout compris. Tu es déjà une petite célébrante, toi !

Sur la table de nuit, j'étale un linge blanc sur lequel je dépose quelques pétales de fleurs. J'allume une bougie, j'ouvre le flacon d'huile et j'en verse une petite coulée dans une coupelle en grès bleu. Clémence est très attentive à chaque geste, sa grand-mère aussi.

J'ouvre la prière :

« Mon Vivant,
Regarde cette huile parfumée
Et bénis-la.
Envoie sur elle ton souffle de vie.
Qu'elle devienne pour celle qui se confie à toi
Une huile de tendresse et d'encouragement. »

Je m'approche du lit et je pose délicatement les mains sur la tête de la malade. Elle me regarde avec intensité, très émue. Je le suis aussi, car ce geste si souvent répété, je le vis chaque fois comme la première fois. C'est que pour moi cette imposition est toujours un moment unique. À ces instants-là, tout mon corps passe par mes mains. Je sais qu'elles parlent bien plus que mes lèvres, qu'un fluide les traverse et qu'elles ont la douce responsabilité de donner force à la fragilité.

Je poursuis la prière :

« Mon Vivant,
Toi aussi, tu imposais les mains

pour encourager ceux qui t'étaient confiés.
Tu as fait si souvent ce geste apaisant.
Au moment où je pose les mains sur Suzanne,
que descende en elle
la force de ta présence.
Que ta parole
éclaire et adoucisse son chemin.
Je te le demande,
à toi,
Fils de la Consolation.
Pour maintenant.
Et pour les jours d'entre les jours. »

Pendant un moment, j'ai gardé les mains sur les cheveux de Suzanne en rendant grâce, puis je me suis tourné vers sa petite-fille et je lui ai dit :

– Maintenant, Clémence, tu vas ouvrir les mains de ta grand-maman et retirer ta belle pierre qu'elle tient si serrée. On pourra la lui rendre dans quelques minutes mais elle doit avoir les mains bien ouvertes pour accueillir l'huile dont je vais la marquer.

L'enfant, en parfaite petite célébrante, comme si elle suivait le prescrit d'un rituel bien agencé, va à nouveau déplier chaque doigt et retirer la pierre-talisman qu'elle garde dans sa propre main.

Je prends la coupelle d'huile, j'y trempe mon pouce et je signe le front et les paumes de l'aïeule en disant :

« Mon Intime,
Encourage Suzanne
de ta grande bonté.

Envoie sur elle
le souffle saint.
Et que ta parole fleurisse
en son jardin.
Je te le demande à toi,
Jardinier de la Bonne Nouvelle,
Pour les jours d'entre les jours. »

Tout apaisée, mais d'un fil de voix à peine audible, Suzanne me dit merci sans me quitter des yeux, pendant de longues secondes. Elle remercie aussi Clémence et accueille à nouveau dans sa main la pierre sacrée que la petite vient d'y déposer.

Sur le seuil de la porte, alors que sa maman me reconduisait, Clémence qui avait disparu revient en coup de vent, se colle contre moi et m'ouvre la main en y déposant une autre pierre :

– Moi aussi, je veux te faire un petit sacrement…

Tant de douceur

Quand je regarde Victor, je pense à Jésus au Temple de Jérusalem, « assis parmi les maîtres, à les écouter et les interroger[19] ». Ils avaient le même âge. Victor aussi écoutait et interrogeait. Lui aussi « grandissait et se fortifiait tout rempli de sagesse[20] ». Son temple, c'était le livre. « À chaque moment de l'année, Victor avait toujours un livre sous la main, confie son ami Arthur. La lecture était une de ses plus grandes passions, il ne pouvait imaginer un monde sans livres. »

Ce soir-là, Victor monte sur le toit de la maison. Pour filmer. Pour rêver. Pour inventer des histoires. En pleine imagination, il glisse, tombe dans le vide et meurt sur le coup. Violence d'une chute qui vient frapper tant de douceur. Il avait treize ans.

En préparant la liturgie de l'au revoir avec ses proches, j'ai entendu trois mots : joie, présence et douceur. Quoi de plus subtil, de plus léger que la joie ? Une joie traversée, chez lui, par le rire et même le fou rire. Victor avait la joie en lui. Il était aussi présent. Discret pourtant, et même un peu timide, mais tellement attentif. Victor avait la présence en lui. Quant à la douceur… « Si je devais retenir un mot, confie son oncle Alain, un seul mot qui, vraiment, le caractérise, ce serait ce mot-là. » Victor avait la douceur en lui. Alors nous avons choisi de célébrer la douceur. Douceur des fleurs. Douceur du piano tout au long de la cérémonie. Douceur des plumes de couleur que ses condisciples vont déposer sur son cercueil blanc. Douceur des lectures. Il y a treize ans, j'avais célébré le baptême de Victor. Aujourd'hui, avec sa famille, nous avons trouvé doux de reprendre les textes de ce jour-là. Dont le témoignage de Gabriel Garcia Marquez : « Si je savais que ce sont les derniers moments où je te vois, je te dirais “je t'aime” sans stupidement penser que tu le sais déjà. » Douceur de l'Évangile aussi : « Heureux les doux[21]. » Les doux, ce ne sont pas les immobiles. Ils ne freinent pas pendant que le monde accélère. Ils ne se tournent pas les pouces. Ils s'accrochent. Ils se battent. Doucement. Et ils tiennent sur un monde ébranlé. Ils sont comme un soleil qui éclaire sans brûler. Comme une eau vive qui fait tourner la roue sans dévaster. Les doux. Les « humbles du pays », dit Chouraqui.

Mais la douceur n'étouffe pas le cri. Elle n'éteint pas la supplication. Comme celle de Jaïros, ce notable qu'évoque l'Évangile, et dont la petite fille se trouve « à toute extrémité ». Chef de la synagogue à Capharnaüm, il n'est plus qu'un père à genoux, tout entier dans sa supplication : « Viens, mets ta main sur elle, elle sera sauvée, elle vivra[22]. » Jésus accepte de l'accompagner. Matthieu, plus précis, dit que « s'étant éveillé », il le suit avec ses disciples. Il ne dormait pas, mais dans le verbe « s'éveiller », il faut entendre à la fois « se lever » et « éveiller sa force intérieure ».

Les voilà tous en route dans une belle cohue puisque l'Évangile dit que la foule « l'écrasait ». Protégée par cette effervescence, une femme l'approche par-derrière et le touche. Elle perdait du sang depuis douze ans, l'âge de la fille de Jaïros… Et au moment où elle met la main sur lui, la voilà sauvée, on peut même dire ressuscitée : elle revit.

Jésus et les siens arrivent à la maison de l'enfant. En route, pourtant, on les a prévenus : la petite est morte. Mais il a quand même poursuivi, et le voilà au milieu des préparatifs mortuaires : des cris, des pleureuses, des joueurs de flûte. Tout s'organise selon le prescrit légal. Dans l'agitation de l'ordre liturgique, Jésus vient ouvrir la brèche du désordre de la foi. Il entre et dit à la foule : « Pourquoi ce tumulte ? L'enfant n'est pas morte, elle dort. » Il écarte alors les gens, s'approche de la petite et lui dit « *Tâlitha koum* », ce qui signifie « Fillette, je te le dis, lève-toi. » En fait, l'araméen *tâli* est un diminutif où l'on pourrait entendre le nom de l'agneau qui vient de naître. Il y a donc beaucoup de douceur et d'affection dans ce mot, du genre : « Ma petite agnelle… lève-toi[23]. » Ainsi Jésus l'*éveille* et la *relève*. Ce sont exactement les deux verbes grecs que le français a souvent traduits par *ressusciter*, et que l'épître aux Éphésiens rapproche de façon saisissante : « Éveille-toi, toi qui dors, lève-toi d'entre les morts[24]… »

C'était en ce temps-là… Mais aujourd'hui, qui relèvera Victor d'entre les morts ? Je ne sais pas si ses parents, ses sœurs, son frère espéraient un miracle ? C'est tellement humain de réclamer un miracle, et de toute son âme. Comme je comprends. Qui de nous, au bord du désespoir, n'a pas souhaité, un jour, l'irruption de l'impossible ? Moi aussi il m'est arrivé d'attendre un miracle. J'avais beau supplier la raison et refuser l'intervention d'un au-delà qui viendrait perturber l'ici-bas, je demandais quand même. Car s'il est un temps où l'on se croit assez fort pour se passer de béquilles, la vie nous rappelle parfois que nos jambes sont brisées, et notre orgueil aussi. On se découvre alors mendiant, comme beaucoup, jusqu'à se surprendre à crier que, peut-être, une exception… Et l'exception ne vient pas. Ou alors elle vient, mais par un autre chemin. Le miracle ne dérègle rien. Il n'est pas une chance réservée à quelques-uns. Il ne se réalise pas sous la contrainte. Il ne met pas la raison en déroute. Il est partout, et d'abord en nous. Il se cache dans notre propre innocence, lorsque nous sommes encore capables d'innocence. Car il arrive que des courages soient plus grands que le courage, des générosités plus larges que la générosité, et qu'alors, même à notre insu, l'impossible surgisse. Il y a des gens qui marchent sur la mer et ne le savent pas. Mais ils marchent…

Il n'empêche que nous sommes dévastés et que Victor laisse en nous une béance. La célébration peut-elle l'approcher ? Et quelque chose fleurir dans le creux de ce violent départ ? Tous ceux qui l'ont côtoyé m'ont répété que Victor était impatient de grandir. Pas seulement en taille et en sagesse. Grandir en assurance. Grandir à l'école. Grandir en pensant déjà à un futur métier. Il disait architecte. Ou avocat. Ou journaliste. Un métier qui aide à découvrir de nouveaux horizons. Dans sa mort, Victor est devenu plus grand. Dans sa mort, nous sommes devenus plus petits. Et c'est lui qui nous élargit et nous ouvre un chemin inédit.

Du début à la fin du passage de l'Évangile que je viens d'évoquer, l'enlacement des gestes et des mots relie les deux miracles et les trois personnages dans une sorte de tissage coloré où les fils se rejoignent pour une belle ouvrage. Ainsi, au départ, je l'ai souligné, Jésus « s'éveille » et va. Il se lève mais, surtout, une force se lève en lui. Quand la femme qui perdait du sang le touche par-derrière, la force « sortie de lui » entre en elle et « à l'instant, l'hémorragie s'arrêta[25] ». C'est donc d'abord la femme qui l'a touché. La femme et ses douze ans de souffrance. Mais c'est lui qui, un peu plus loin, va toucher la fillette de douze ans, comme si le toucher de la femme passait le relais au toucher de Jésus. Et la petite va « s'éveiller » à son tour, « se lever » et « marcher » exactement comme lui au départ, car une force nouvelle est entrée en elle. Enlacement des mains et des touchers. Enlacement des forces et des retournements intérieurs. L'Évangile a l'art de tisser un récit où s'enlacent les résurrections.

Je crois au réveil de Victor. Mais comme le dit sobrement Lytta Basset après la mort de son fils Samuel, son réveil et mon propre réveil sont intimement liés. Cela veut dire que dans ma souffrance, dans mon deuil, j'ai besoin de la compassion de l'autre. Ce n'est pas rien, le bouleversement de ses entrailles à mon égard. Et sa compassion va d'abord me réveiller, moi, me ressusciter, moi. Et plus je vais me réveiller et plus je vais percevoir que celui ou celle que je viens de perdre est vivant. « Ce qui est décisif, confie encore la théologienne protestante, c'est l'expérience que je fais ou ne fais pas, ou commence à faire du "réveil" de mon proche décédé. En d'autres termes encore : s'il ne se "réveille" pas, s'il ne me devient pas présent, si je ne le sens pas vivant, s'il ne trouve pas sa place – nouvelle, autre mais bien réelle – dans ma vie relationnelle terrestre, alors que m'importe la résurrection de Jésus ? [...] En définitive, c'est comme si Jésus ne s'était jamais "réveillé" puisque rien dans mon expérience humaine, spirituelle, ne fait écho à un tel événement : *"Si les morts ne se réveillent pas, Christ non plus ne s'est pas réveillé*[26] *!"* »

Victor est réveillé. Et sa vie bien trop courte peut nous transfigurer. Mais pas de manière magique. Pas sans amitié. Pas sans solidarité. Autrement dit, l'éternité est une partition qui se joue à trois. Il y a celui qui part. Il y a celui qui reste. Mais il ne faut surtout pas oublier le troisième, l'autre. L'autre peut être mon parent, mon collègue, mon voisin, mon ami. Moi. Moi qui par ma bonté, par mon attention, par ma compassion… suis capable de faire des miracles[27].

Le soleil en larmes

Dans son cercueil blanc, habillée de lavande, Manon est entourée de ses plus beaux pastels. Car depuis des années, elle peint avec ces bâtonnets composés de gomme, de craie et de miel. Fragiles pastels, si chaleureux, toujours à chercher leur équilibre entre le trop de liant et le trop peu. Comme elle, peut-être. Pas loin de son visage, quelques poupées. Anges gardiennes d'une enfance inachevée, elles veillent sur sa traversée.

Manon-du-soleil-en-larmes.

Elle avait dix-sept ans.

J'ai dû – trop souvent – vivre les funérailles d'un jeune qui s'était suicidé. Et chaque fois, la même question m'habite : vais-je pouvoir déposer un trait de lumière dans une nuit aussi noire ? Comment accompagner cette souffrance insupportable ? Et comment « célébrer » dans ces conditions-là ? Je n'ai qu'une réponse balbutiante : me tenir dans le peu. Un départ aussi bouleversant que celui de Manon entraîne une exigence de parcimonie. Ne surtout pas enrober cette souffrance, l'envelopper, l'emmitoufler, en espérant qu'elle fasse moins mal. Ce serait le pire. Mais tenter de l'approcher en marchant sur de la porcelaine, et en sachant qu'entre ceux qui sont laminés et nous qui tentons de les rejoindre, la distance est irréductible. Ils se trouvent dans le désarroi. Ils peuvent se désagréger. Tout en eux peut s'effondrer, et s'effondre peut-être. Et nous sommes là. Tout proches. Si loin. Cette distance, il faut tenter de la célébrer dans une sorte de fraternité du seuil.

Au moment où je préparais le dernier adieu à Manon, j'apprends que dans un village, pas très loin, un petit garçon de dix ans vient de se suicider. À la fin de la nuit, il s'est levé sans bruit pour n'éveiller personne, il s'est habillé, il a pris son vélo et est allé se pendre dans la cour de son école. C'est terrible. Qu'a-t-il voulu dire ? À son instituteur ? À ses petits camarades ? À ses parents ? Difficile de provoquer plus forte déflagration. Mais l'inverse est-il moins violent ? Je veux dire, s'effacer sur la pointe des pieds sans vouloir déranger. Prendre son sac et marcher, marcher. D'abord se vider la tête, puis le cœur, puis le corps. Marcher jusqu'à ne plus voir, jusqu'à ne plus entendre. Marcher jusqu'à ne plus sentir sa propre respiration, jusqu'à ramper sur le sol, épuisé. Et attendre que le noir soit encore plus noir, que le froid soit encore plus froid, jusqu'à faire corps avec la pierre de sa sépulture, jusqu'à laisser la pierre s'effriter, jusqu'à n'être plus que poussière… Cela existe, dans le monde, des vieux qui s'en vont au désert, ou en forêt, ou en montagne. Comme cela existe, des vieux – ou des jeunes ! – qui s'effacent à l'intérieur de nos maisons. Il ne faut pas toujours quitter sa résidence ou son hôpital pour mourir en marchant jusqu'à l'épuisement, à l'intérieur de soi.

Quel est le sens ? Quel est le sens de la mort de ce petit garçon ? Et comment vais-je donner sens au départ de Manon dans ma célébration ? Car c'est le sens lui-même qui est écorché. Bien sûr que chacun s'interroge, à commencer par les plus proches, et ils se sentiront souvent seuls face à l'énigme. Mais n'est-ce pas cette énigme qu'il faut tenter de célébrer ?

Chaque fois que je suis confronté au suicide, la même question me poursuit : est-ce qu'on décide vraiment de se suicider ? Il se peut qu'on ne décide rien mais que *cela* se décide en nous. À quelle profondeur ? Le grand-père de Manon me confiait que depuis longtemps, sa petite-fille n'avait plus l'air d'habiter chez elle. Elle ne souriait qu'à l'intérieur, si loin à l'intérieur. Quel chemin parfois pour rejoindre ce sourire-là. On entendait bien que des douleurs coulaient dans son corps, mais on aurait dit que sa rivière ne trouvait pas l'issue. Sauf les derniers jours, me dit-il, où elle était proche comme jamais, si affectueuse.

Se pourrait-il que certains s'en aillent… guéris ? Comment savoir ? Et comment deviner que chaque geste, chaque parole, est un adieu ? Comme si la paix de la mort prenait les devants.

Qui sait ce qui s'est passé en elle ? Qui sait si, en mourant, elle n'a pas voulu adoucir quelque chose du chagrin de ses proches ? C'est pour cela que la mort de l'aimé nous dépouille tellement. En nous quittant, il emporte un bout de sa géographie, de sa terre, de sa rivière, de son jardin. Il emporte le regard qu'il portait sur les choses de la maison. Mais il emporte aussi un morceau de nous-mêmes…

Au moment de l'au revoir, après avoir béni et encensé le cercueil, j'ai tenté de m'adresser à Manon, et à ses proches, et à Dieu.

« Manon-des-couleurs...
Tu n'avais donc plus assez de pastel en toi
pour dessiner l'avenir.

Plus assez de courant en toi
Pour creuser l'issue.
Plus assez d'harmonie en toi
Pour chanter la vie.

Et pourtant...
Ton souffle continue à nous frôler.
Mais comment regarder ton envol ?

Ta source continue à nous désaltérer.
Mais comment boire ton absence ?

Ton chant continue à nous bercer.
Mais comment écouter ton départ ?

Ta lumière continue à nous caresser.
Mais comment accepter l'ombre de ton effacement ?

Seigneur,
Toi qui donnes leur nom aux oiseaux,
Regarde notre Manon tombée du nid.
Elle est toute légère devant toi.

Regarde-la,
Notre Manon-des-neiges.
L'hiver est venu trop vite sur elle,
Et elle a eu trop froid en plein été.

Regarde-la,
Notre Manon-des-mers.
Avec son sel.
Avec sa soif.
Avec son rire.
Avec son cri.

Avec sa blessure infinie.
Regarde-la
sur les eaux déchaînées
avec son mât brisé.
Regarde-la,
Notre Manon-des-sables
qui a déposé ses chaussures de marche
à l'entrée du désert.

Regarde-la dans le miel de son sommeil.
Dans le tilleul de sa chevelure.
Dans le pastel de sa robe.
Elle est comme la glycine devant la maison.

Regarde-la.
Une lumière timide s'est posée sur son front.

Et regarde-nous.
Nous qui grelottons d'incompréhension.

Vois notre plaie ouverte au bord de l'abîme.
Entends notre chagrin de cristal.
Il résonne dans la brisure de la nuit.
Donne-nous la force
d'accueillir son manque
et de nous éloigner d'elle
sans la quitter.

Nous entendons encore
ses cris d'enfant,
ses joies muettes,
ses chagrins amoureux.

Donne-nous la force
de rendre grâce
pour sa vie incomplète.
Et conduis-nous vers une terre
où nos larmes feront germer
de nouveaux commencements.

Avec Manon-des-vents.
Pour les jours et les jours. »

Une mesure bien pleine

Pendant treize ans, avec Florence, son épouse, et avec leurs quatre filles, Amélie, Madeleine, Margaux et Joséphine, Jean-Claude Guyot a vécu dans mon prieuré, à deux pas de l'université catholique de Louvain où il enseignait. Et il a accompagné tout ce qui se passait dans notre petite communauté avec ce grand rire qui réchauffe encore les murs aujourd'hui.

Il avait cinquante-trois ans et il me manque beaucoup.

Dans le faire-part d'annonce de son décès, ces quelques mots de lui qui le disent tout entier :

Mes gestes de solidarité
Mes paroles d'espérance
Ma foi en la vie et en Dieu
Ont un sens...
Même si Dieu n'existe pas.

J'ai rêvé à plusieurs reprises – c'est vrai ! – que Jean-Claude célébrait mon propre enterrement. C'était un beau rêve et cela me réjouissait beaucoup. Parce que avec un curé, c'est un peu quitte ou double : on a une chance sur deux que ça se passe bien ! Mais avec Jean-Claude, je me savais en très bonnes mains.

Que de fois j'ai mesuré la manière dont il était capable d'accompagner liturgiquement les situations les plus délicates, en veillant au moindre détail, pour qu'à chaque moment les gestes que nous posions prennent pleinement leur sens. Jean-Claude était célébrant dans l'âme. Il appartenait à cette confrérie un peu particulière de celles et ceux qui sentent jusque dans leurs fibres les plus intimes ce que signifie célébrer. Il portait tellement le rite en lui que quand il se trompait en pleine célébration, il se trompait... liturgiquement. Il y a beaucoup d'appelés au royaume du rite, et bien peu d'élus. Quel bonheur d'avoir fréquenté un célébrant-né qui à côté de l'art liturgique pratiquait aussi l'art théologique. Mais avec assez de distance et suffisamment d'humour pour que dans ses mots la théologie se mette à chanter.

Quelques mois avant sa mort, il m'a offert le livre de Christoph Theobald, *Le Christianisme comme style* avec, en sous-titre, *Une manière de faire de la théologie en post-modernité*[28]. Jean-Claude adorait faire de la théologie en postmodernité. Et ce livre, je le relis aujourd'hui comme si je tenais en mains son propre testament. Parce qu'il y avait mis des signets en me disant : « Tu dois surtout lire ces pages-là. » J'ai découvert qu'elles parlaient de l'hospitalité de Jésus de Nazareth. Une « sainteté hospitalière » absolument unique. Une manière d'être qui a pu « engendrer quelque chose de définitif et ultime ». Déjà loin sur le chemin de la maladie qui le rongeait, Jean-Claude me parlait avec passion de ce Jésus hospitalier qui avait l'art, me disait-il, de réveiller chez ceux et celles qu'il rencontrait la mutation de leur rapport à leur propre mort. Autrement dit, dans son accueil, Jésus avait une manière d'engendrer en chacun quelque chose qui ne mourrait jamais.

L'hospitalité de Jean-Claude et, en particulier, son hospitalité liturgique, a engendré quelque chose qui ne mourra pas. Une hospitalité que nous avons vécue pendant les trois jours qui ont suivi son décès. Je ne suis pas près d'oublier la grâce de ces jours uniques où le prieuré a tenu table ouverte en mémoire de lui. C'était étonnant. Dans tous les coins de la maison, des rencontres, des conversations, des souvenirs, des repas, et beaucoup d'amitié. Trois jours pour donner aux « condoléances » un rire tendre et une douceur imaginative qu'on leur offre rarement. Pour une fois, « rendre visite » prenait tout son temps.

Jean-Claude était dehors et il était dedans. Dans l'ombre du salon où il reposait, le bel aménagement réalisé par son épouse et ses filles encourageait la méditation et ouvrait la conversation. Il suffisait d'une photo, d'une musique, d'une fleur ou d'un parfum pour que le visiteur se sente immédiatement en connivence avec lui. Mais Jean-Claude était aussi dehors, y compris sur la pelouse où il avait fait chanter et danser si souvent ses étudiants en journalisme…

Pour moi, ce fut une retraite un peu particulière, le soir surtout où je restais seul avec lui pour converser un moment avant de rejoindre ma chambre. Sa présence au prieuré avait été une bénédiction et je découvrais que, même mort, il bénissait encore la maison.

Le dimanche soir, l'avant-veille des funérailles, une foule d'amis remplissait la cour du prieuré. En ce début du mois d'août il faisait splendide. Et manifestement, même à vingt heures, le soleil encore chaud voulait participer à la veillée. Nous avons sorti le cercueil et nous l'avons déposé sur les cailloux, au milieu de nous. Un moment intense et si naturel. C'était simple et beau. Évident. Il s'agissait bien de veiller. Et de veiller sur lui. Un peu sur nous aussi. Alors, nous lui avons parlé. Nous avons chanté. Nous avons lu des poètes et des romanciers qu'il avait rencontrés au prieuré. Celles et ceux qui le souhaitaient évoquaient un souvenir, mais leurs témoignages dépassaient toujours l'anecdote. C'était une soirée d'action de grâce sur la pointe des pieds.

Chacun avait reçu un petit luminaire. À un moment, la flamme du cierge pascal s'est multipliée en passant de mains en mains jusqu'à ce qu'un immense bouquet ensoleillé illumine le cercueil.

Le mardi, la liturgie des funérailles voulait surtout chanter l'hospitalité.

« Venez ! » disait le texte d'ouverture de notre ami poète Jean-Yves Quellec qui allait nous quitter trop tôt lui aussi.

« Venez manger de mon pain et boire le vin
que j'ai préparé pour vous.
Venez ! Je vous attends, je vous espère.
N'attendez pas le temps des vives clartés.
Venez au petit jour quand l'âme encore sommeille
ou vers le soir si le cœur vous en dit[29]. »

Et au « Venez ! » du moine bénédictin répondait le « Donnez ! » de l'Évangile :

Montrez-vous compatissants, comme votre père est compatissant. Ne jugez pas, et vous ne serez pas jugés ;
ne condamnez pas, et vous ne serez pas condamnés ; pardonnez et vous serez pardonnés.
Donnez, et vous recevrez
une mesure bien pleine, tassée, secouée, débordante,
qui sera dans votre tablier ;
car la mesure dont vous vous servez pour les autres
servira aussi pour vous.

J'ai toujours aimé la cascade des qualifications du verset 38 au chapitre 6 de saint Luc : « bien pleine, tassée, secouée, débordante... » Une mesure que nous avons voulu mettre en lumière au début de la célébration en allant puiser dans le tablier de Jean-Claude quelques objets-symboles de son hospitalité. J'ai souvent encouragé ce rite des lieux et des passions du défunt. Plutôt que de longs discours ou l'accumulation de témoignages qui ont parfois peine à trouver le mot « fin », on peut rendre tellement présente la personne qui s'en va en évoquant sobrement son histoire à travers quelques objets qui la racontent. Ce qui suppose, bien sûr, une grande connivence entre le célébrant et les proches, et une façon liturgique de dire l'objet qu'on va déposer près du cercueil. Cela peut aller de l'instrument de musique au ballon de football comme je l'ai vécu lors de l'enterrement d'un jeune étudiant auquel tout le club voulait rendre hommage.

Ce rite des lieux et des passions peut trouver place à différents endroits de la liturgie et se décliner de bien des manières, y compris avec les enfants. Ainsi, lors du décès d'un de mes oncles, nous avons imaginé le « rite du chêne » auquel se sont associés même les tout-petits. Cet oncle passionné de nature admirait le seul chêne de son jardin et s'inquiétait de le voir décliner. Ce chêne malade, c'était lui... À la fin de l'homélie, et pour la prolonger avec moi, chaque petit-cousin est venu déposer une branche de chêne devant le cercueil. Et tous, en s'adressant à leur grand-père, lui ont dit de diverses manières qu'un jour le chêne allait reverdir. Les enfants ont bien mieux parlé que moi de résurrection...

Une autre fois, pour un autre grand-père, nous avons

célébré « le rite des jouets ». J'ai invité Marine, Tristan et Tom à me rejoindre près du cercueil. Chacun de ces petits bouts avait en mains un jouet auquel il tenait beaucoup. Et il allait l'offrir au grand-papa pour son grand voyage. J'ai pris Marine dans mes bras – elle avait trois ans – et, au micro, elle a parlé de sa poupée à toute l'assemblée et puis l'a déposée sur le cercueil « pour son papi ». N'est-ce pas aussi une mesure de générosité « bien pleine, tassée, secouée, débordante... » ?

Mais il arrive qu'une mesure débordante surprenne l'assemblée, comme lors des funérailles de Lode Keustermans, un peintre ami qui fréquentait mon prieuré depuis plusieurs années. Je l'avais rencontré lors d'une magnifique exposition de ses tableaux autour du Cantique des cantiques, et compris que, pour lui, peindre la Bible, c'était célébrer. Nous étions donc en train de célébrer son dernier adieu en dialogue avec ses aquarelles quand Marie-Claire, sa fille trisomique qu'il adorait, après avoir allumé les cierges autour du cercueil, a pris la parole pour évoquer son père. Si les participants avaient peine à comprendre les phrases qu'elle prononçait, cela n'avait guère d'importance puisque le seul mot qui comptait, amour, elle le disait clairement, à n'en pas finir. Au moment de rejoindre sa place, elle s'est arrêtée devant le cercueil, je la vois, je la vois encore, et elle s'est mise à le caresser. Longuement. Et pas que des mains, de la joue aussi, en répétant de toute son affection : « Papa, papa... » Et à nouveau les mains. Et à nouveau la joue. Jamais, à ma connaissance, un cercueil n'avait été aussi délicatement cajolé.

Le dernier adieu à Jean-Claude s'est poursuivi par une prière eucharistique qui, elle aussi, se voulait caressante, avec le souci, surtout, d'honorer l'hospitalité.

La préface disait :

« Oui, Père,
Nous te rendons grâce
Pour l'hospitalité unique de ton Fils.
Pour sa manière d'accompagner nos craintes et de nous rejoindre au cœur de nos incertitudes.
Pour sa manière de nous révéler que Dieu lui-même est vulnérable, et que c'est une bonne nouvelle.
Pour sa manière de relever, de redresser et de rendre la vie, sans compter.
Oui,
Nous te rendons grâce encore,
Pour l'hospitalité unique de Jean-Claude.
Et pour sa manière de nous rendre à la vie, lui aussi.
C'est pourquoi,
avec celles et ceux qui sont assez fous pour croire que l'hospitalité unique du Nazaréen engendre en nous un nouveau rapport à la mort, Dieu nous te chantons… »

La prière s'est poursuivie en mêlant les mots du prieuré Sainte-Marie à ceux de quelques auteurs qui ont si souvent enchanté Jean-Claude. Elle se terminait ainsi :

« Tu sais, Seigneur, que nous sommes fragiles,
que notre vie n'est pas sans failles,
que nous avons besoin de force et de douceur.

Au moment où nous venons auprès de Jean-Claude, le sac plein d'aromates, de fleurs et de parfum, redis-nous que la chair ressuscitera,

"parce que la chair n'est pas simplement de la chair,
parce que la douceur n'est pas de la simple douceur,
mais une douceur unique,
une douceur à briser
une douceur à pleurer, [...]
une douceur qui traverse la chair,
qui va au-delà,
une douceur qui a même touché Dieu[30]".

Regarde-nous, Seigneur

Regarde-nous de toute ta douceur, de toute ta bonté, de toute ton hospitalité.

Regarde ton Église et permets qu'avec le pape François, elle aussi soit de plus en plus hospitalière.

Regarde celles et ceux qui nous ont précédés et qui partagent la table de ton amitié.

Regarde-nous, toi « le dieu qui est mort si jeune », et qui n'a cessé de lutter contre la vieillesse de nos enfermements.

Regarde surtout celui qui nous rassemble aujourd'hui dans la prière et dans l'amitié : Jean-Claude.

Nous te remercions pour ce qu'il a été ;
pour les questions qu'il s'est posées, jusqu'à la fin ;
pour le parfum qu'il a répandu ;
pour les onctions d'huile dont il nous a signés ;
pour l'amour qu'il a partagé ;
et pour le grand rire qu'il nous a offert et qui va

briser encore bien des tombeaux, jusqu'aux siècles des siècles. »

Au moment où le cercueil va descendre dans la fosse, il y a encore place pour de si beaux gestes et de si beaux mots. On va lancer, souvent, quelques pétales de fleurs. Pourquoi ne pas s'inspirer des saisons ? Un perce-neige à la sortie de l'hiver, une jonquille au printemps. Et rien n'interdit d'accueillir d'autres traditions. Lorsqu'on a inhumé le corps de Jean-Yves Quellec, pas loin de son monastère belge d'adoption, ses proches ont souhaité qu'un peu de sa Bretagne natale l'accompagne dans la tombe. J'entends encore le bruit des coquillages et des galets sur le cercueil, comme si la mer de sa naissance voulait l'accompagner dans son ultime traversée. C'était le plus beau moment du dernier adieu.

Nous avons béni le cercueil de Jean-Claude, nous l'avons encensé, nous l'avons parfumé, nous l'avons couvert d'aromates et nous avons laissé les mots de François Cheng nous rejoindre :

« Voici le nouveau jardin
Si tu es en larmes encore
    à toi il s'offre
Si tu ouvres les yeux
    voici les iris
Si tu tends la main
    voici les pivoines
Si tu répands ta chevelure
Voici, de senteur en senteur

Tous les sentiers de la fragrance
    menant vers les herbes infinies
Vers la fontaine
jaillie du tombeau

Si tu as soif encore
À toi il s'offre
    le jardin nouveau[31] »

Semailles

Les « grisailles » que je viens de raconter étaient déjà accomplissement ou promesse de nouvelles « semailles ». Mais il arrive que « grisailles » et « semailles » veuillent se célébrer sous le même toit comme me l'ont évoqué de jeunes femmes venues me présenter leur projet de « Pass-âges ». Je trouve très parlante cette invitation à faire se côtoyer « naissance » et « mourance », en laissant entendre que le début et la fin sont un même chemin. Créer d'un seul élan une maison de naissance et une maison de mourance, c'est inviter, m'expliquent-elles, à faire dialoguer deux démarches initiatiques que l'on rejoint en passant par la même porte.

J'apprends encore que l'équipe à l'initiative du projet le veut ouvert aux dimensions artistiques et spirituelles et que cette double maison de naissance et de mourance s'inscrira au cœur d'un habitat groupé où des familles, des couples et des personnes seules de tous âges, y compris des étudiants, vivront là une expérience de solidarité intergénérationnelle[32].

Parmi tant de semailles que j'ai trouvé plaisir à célébrer, je me propose de raconter le baptême de Rébecca, préparé avec des enfants. Il n'en est qu'un parmi beaucoup. Et Dieu sait que la liturgie baptismale peut ouvrir les imaginations et encourager de belles créativités. Y compris en célébrant au bord de l'eau. Et si on n'a pas de Jourdain à sa disposition… une belle cuve en pierre peut aider à la plongée symbolique. Il arrive même que certaines églises contemporaines renouent avec la tradition ecclésiale des origines et fassent construire un petit bassin d'eau à l'endroit des fonts baptismaux. Pour Rébecca, une rivière était au rendez-vous.

Avant d'évoquer cette joyeuse plongée dans les eaux originelles, je veux rendre grâce à une femme qui a consacré sa vie à soutenir des respirations défaillantes. Car pour qu'une Rébecca barbote joyeusement dans le sacrement initiatique, il faut d'abord que ses poumons l'y encouragent. Et Anne, justement, n'a cessé d'appeler au monde des petits bouts à bout de souffle.

Un son qui fait sens

Noé était encore trop petit pour entendre un son. L'ouïe du fœtus ne se développe qu'à partir de la vingtième semaine. Mais dès ce moment-là, il est important que des sons fassent sens pour lui, car quand les sens s'éveillent, le bébé grandit d'abord par l'oreille. C'est ce que j'ai entendu des lèvres d'Anne Pardou, une néonatologue accueillie dans mon prieuré pour y parler du souffle.

« Imaginez, dit-elle, une vie où chaque respiration est un objectif ! Où chaque battement cardiaque est un événement ! Où chaque déglutition est un exploit ! Où étendre une petite main est une véritable exploration du monde ! Vous avez sous les yeux la vie d'un prématuré. » Et cette vie si fragile, elle ne demande qu'à écouter, dès avant sa naissance. C'est qu'au fil de ses recherches et de sa pratique, la médecin, très en relation avec les meilleures équipes internationales, prend de plus en plus conscience que le fœtus entend et ressent une série de bruits qui font sens pour lui : les battements du cœur de sa mère, ses borborygmes intestinaux, le flux sanguin, la respiration, la marche, les voix familières… Mais quand l'enfant naît avant terme, tous ces sons bénéfiques laissent place à d'autres bruits qui viennent le perturber : alarmes, téléphones, monitorings, voix et mouvements du personnel… Ce qui va conduire la professeure à réorganiser son service pour y intégrer beaucoup plus de silence et y apporter ce qu'elle appelle des « sons à sens ». La question, raconte Anne Pardou, se pose bien au-delà de l'espèce humaine, comme en témoigne cette étonnante recherche australienne où des scientifiques ont montré que la femelle oiseau parlait et chantait à son œuf. Elle imprègne ainsi l'embryon de sa signature vocale, ce qui permettra plus tard à l'oisillon et à sa mère de s'identifier et de se retrouver.

Il n'en va pas autrement pour un petit d'homme. Du coup, cette pionnière qui avoue une grande passion pour l'ornithologie va faire venir des artistes dans les services de néonatologie. Elle trouve essentiel que l'enfant entende des comptines et des berceuses, qu'on lui lise des histoires, qu'on lui raconte des paysages et qu'il soit plongé très tôt dans un cocon artistique qui prolonge le ventre maternel. Ce peut être déterminant pour le développement de son langage, surtout s'il naît avant terme. Et une belle manière d'imprégner musicalement ce tout-petit, c'est de lui chanter son prénom. Il est heureux de le nommer très tôt comme le font admirablement Les Infirmières chantantes, un groupe vocal original composé d'infirmières et de musiciens pionniers dans l'art d'improviser à partir du prénom de l'enfant. Des chansons toutes simples qui entraînent les proches du bébé, même les plus timides, et peuvent être reprises par chacun, quelle que soit sa langue. Car à travers cette petite célébration prénominale, les choristes s'efforcent de proposer des airs et des mots qui rejoignent les différentes cultures rencontrées à l'hôpital.

Après avoir fait face quotidiennement, pendant plus de trente ans, au tremblement de terre que représente la naissance d'un prématuré, Anne Pardou continue à aider les parents et les proches à vivre cette terrible épreuve de l'attente et de l'incertitude. Épreuve dont le prématuré lui-même garde parfois longtemps le souvenir. Elle évoque, par exemple, cette jeune adolescente en visite dans son service néonatal et soucieuse de voir « comment c'était » quand elle est venue au monde prématurément. Accompagnée de sa mère, la jeune fille regarde partout autour d'elle et écarquille les yeux en découvrant la complexité et la technologie d'un tel service. Soudain, son regard se pose sur une couveuse. Elle pâlit, pointe le doigt vers cette espèce de vaisseau spatial muni d'écoutilles et dit à sa mère : « Maman, maman, c'est ça la fenêtre, la fenêtre avec la main, la main à la fenêtre. » La maman à son tour change de couleur. « Nous ne comprenons pas, nous les soignants, jusqu'à ce que la mère et sa grande fille nous partagent l'émotion de leur explication. » Un cauchemar persistant a hanté les nuits de cette adolescente lorsqu'elle était petite fille : elle se réveillait en hurlant et disait à sa maman : « Maman, la main, à la fenêtre, il y a une main à la fenêtre. » La maman, systématiquement, lui montrait la fenêtre, tirait les tentures et lui prouvait qu'il n'y avait rien. La petite fille répétait : « Mais non, pas cette fenêtre-là, l'autre fenêtre. » Et le cauchemar recommençait, et la main à la fenêtre revenait toujours. C'est donc en visitant le service où elle est née que la jeune fille a reconnu et identifié la fenêtre : le hublot de la couveuse. C'était ça, la fenêtre de ses cauchemars. Et la main à la fenêtre, effrayante, ne pouvait être que la main d'un ou d'une soignante qui venait ouvrir le hublot[33].

Aujourd'hui, d'hôpital en hôpital et de livre en livre, Anne Pardou convoque des artistes et des raconteurs, encourage des parents, stimule des services et participe elle-même au travail d'éveil des tout-petits : elle muse, elle chante, elle conte, elle raconte… avec le souci qui a toujours été le sien : que les sons fassent de plus en plus sens.

Le signe du baiser

Chanter et raconter ne concerne pas que les prématurés. Lorsque l'enfant grandit, et si ses parents décident de le présenter au baptême, je souhaite aussi que les sons prennent plaisir à faire sens et que les rites mettent les cœurs en joie. À commencer par la célébration du baiser. On l'appelle aussi liturgie de la signation. Car il s'agit bien de signer le futur baptisé comme on signe un parchemin. Du bout du pouce, laisser une trace sur son front. Mais je trouve important – et biblique ! – que les lèvres accompagnent le geste de la main. Quel beau signe que le signe du baiser. Prophétique et divin. Le baiser annonce et le baiser éveille. Il dépouille et il enrichit. Il est un don et une création. C'est par le souffle d'un baiser sur l'argile primordiale que l'humain vient au monde[34]. Le baiser est un commencement. Il appelle et il dit : « Viens ! »

J'invite donc celles et ceux qui sont là à dire « Viens ! » en embrassant l'enfant. Et même plus précisément : « Viens ! Je te reçois dans la grande famille des enfants du souffle. »

Ce jour-là, pendant que la petite passait de bras en bras, j'entends encore une mama haute en couleur entamer une berceuse avec un cœur si grand et une voix si large que l'Afrique tout entière me semblait camper au bord de la Semois où nous nous trouvions.

Après la signation, la nomination.

J'ai déjà dit, en présentant Anne Pardou, toute l'importance qu'il fallait accorder à la liturgie du prénom.

Parce que prénommer, c'est retourner un sol et planter dans une histoire. Comment l'enraciner si le prénom n'a pas un bon terreau ? Lui qui, dans une généalogie, exprime le caractère unique du sujet. Qu'importe la tradition d'où il vient il a suffisamment d'humus. Il peut être d'origine religieuse, historique, littéraire, scientifique... mais il faudra que l'enfant puisse s'en emparer et se le raconter. Un prénom lié à une anecdote accidentelle ou emprunté au personnage d'une série qui durera ce que durent les séries... n'aidera pas à rejoindre plus grand que soi.

Oserais-je encore ajouter que la densité ne s'oppose pas à la légèreté et à l'euphonie ? Car un prénom n'est pas isolé. Il s'arrime à un nom. Il doit pouvoir être appelé, crié, murmuré, chanté... Le prononcer avant de le choisir, c'est aussi sentir sa musique et en interpréter la partition. Quand je prépare un baptême, je prends toujours plaisir à me plonger dans l'histoire et dans l'étymologie du prénom avec l'espoir d'en faire sortir d'heureuses harmoniques.

Ainsi Rébecca...

La tâche était facile puisque la Bible m'ouvrait tout grands ses bras, en me racontant le voyage d'Éliézer, le vieux serviteur d'Abraham, chargé de trouver une épouse pour Isaac, le fils de son maître. Après une longue route sous le soleil brûlant de Mésopotamie, Éliézer arrive dans l'Aram des deux fleuves, entre le Tigre et l'Euphrate, et s'arrête près d'un puits à l'heure où les filles viennent y puiser de l'eau. S'adressant à la voix qui, jadis, avait poussé son maître à la grande aventure, il dit :

– Permets que je fasse aujourd'hui une heureuse rencontre. Me voici debout près de la source. Eh bien ! Fais que la jeune fille à qui je dirai « Penche ta cruche que je boive », et qui répondra : « Bois, et j'abreuverai ensuite tes chameaux », que cette jeune fille soit celle que tu destines à ton serviteur Isaac.

Or il n'avait pas fini de parler que voici Rébecca. Elle descend à la source, remplit sa cruche et remonte. Le vieux serviteur la rejoint et lui dit :

– Me donneras-tu un peu de ton eau ?

– Bois, mon maître, dit-elle.

Et de la main, elle abaisse la cruche pour le désaltérer. Quand elle voit qu'il a bien étanché sa soif, elle ajoute :

– Pour tes chameaux aussi, je vais puiser de l'eau[35]...

N'est-ce pas une chance, déjà, de partir dans la vie avec un prénom qui invite à accueillir l'étranger et à lui donner à boire ? C'est que le prénom n'est pas que d'hier. Il est de maintenant et il est de demain. C'est pourquoi, au baptême, et quand les circonstances le permettent, j'invite les participants et, en tout premier, les enfants, à prononcer le prénom de celle ou de celui qu'on va baptiser, en l'accompagnant d'un vœu, voire d'un engagement. Ça peut s'improviser comme ça peut se préparer, mais la phrase commence toujours par l'affirmation : « Tu es. »

Pour le baptême de Rébecca, j'avais ouvert des chemins et donné quelques impulsions aux enfants qui allaient vivre la cérémonie. Et ils s'en sont donné à cœur joie.

J'ai encore souvenir de plusieurs de leurs expressions, si simplement poétiques :

– Tu es Rébecca !
Je t'apprendrai les fleurs et les saisons.
– Tu es Rébecca !
Je t'apprendrai le rire et la chanson.
– Tu es Rébecca !
Je t'apprendrai à jouer de l'accordéon.
Ou encore…
– Moi, je t'apprendrai à faire danser la lune.
– Et moi, à faire chanter l'arc-en-ciel des couleurs.

Il appartient alors au célébrant de lier la gerbe des promesses :

« Tu es Rébecca !
Ta naissance est devant et elle va t'engendrer.
Ton nom a une histoire et il a un avenir.
Que ta vie soit une source et une générosité,
Aujourd'hui,
Et pour les jours d'entre les jours. »

Il était temps de se jeter à l'eau ! Et l'eau de la Semois se montrait particulièrement souriante ce jour-là.

Ceux qui le souhaitaient se mettaient en sandales… Je me suis adressé aux enfants en les invitant à pénétrer dans la rivière en silence et en leur disant que le chant de l'eau allait nous accompagner, et puis j'ai demandé aux parents, au parrain et à la marraine de nous suivre et d'entrer avec l'enfant dans ce baptistère vivant. Le recueillement était impressionnant et n'occultait pas la joie du moment.

Une fois dessinée cette belle cuve en chair, je me suis adressé à la petite, mais à travers elle je parlais à tous, y compris à celles et ceux qui étaient restés au bord de l'eau :

« Rébecca,

Tu es née dans la mer de ta mère.

Tu as quitté ses grandes eaux pour rejoindre la rivière bleue de ton baptême.

Et nous y sommes.

Voici la mer où tu vas marcher.

Voici la rivière où tu vas lutter.

Voici le Jourdain où tu vas plonger.

Et voici les fonts baptismaux sur lesquels, d'un baiser, nous t'avons portée.

Tu vas creuser ton lit, Rébecca.

Tu vas faire rouler tes galets.

Tu vas suivre ton cours, jusqu'à l'océan.

Rébecca,

Il est écrit dans le poème de l'Évangile : "J'avais soif et vous m'avez donné à boire."

Toi aussi, tu descendras au puits, tu rempliras ta cruche et tu partageras l'eau vive de ta source. »

À ce moment-là, je me suis penché, j'ai fait une coupe de mes mains, j'ai rempli d'eau cette coupe, je me suis redressé lentement, et j'ai élevé mes mains au-dessus de la tête de l'enfant. Je les ai écartées un rien, juste assez pour laisser s'écouler un mince filet d'eau, et j'ai dit :

« Rébecca,

Je te baptise,

Au nom du souffle créateur.
Et que l'eau chante !
Au nom du souffle sauveur.
Et que l'eau guérisse !
Au nom du souffle accoucheur.
Et que l'eau inspire !
Pour les jours et les jours. »

Il restait encore à offrir deux choses à Rébecca : l'huile et la lumière.

L'onction d'huile est un geste ancien dont on trouve de nombreuses traces dans la Bible. Rite profane pour exprimer la joie, l'honneur, l'hospitalité, et rite sacré pour dire, surtout, la consécration à Dieu. C'était vrai pour les prêtres et les rois comme en témoigne un passage du Premier Livre de Samuel.

Le prophète Samuel part à la recherche d'un nouveau roi. Le Seigneur qui l'envoie prospecter lui donne ce conseil magnifique : « Ne considère pas son apparence ni sa haute taille. Les hommes voient ce qui leur saute aux yeux mais le Seigneur voit le cœur. » Samuel arrive à Bethléem chez un certain Jessé. Il a sept fils et les présente avec empressement à l'envoyé, à commencer par les aînés. Mais Samuel ne retient aucun de ceux-là. Après avoir dit non au septième, il demande au père :

– C'en est fini de tes garçons ?

– Non, dit Jessé. Il reste encore le plus jeune, mon petit David, qui court derrière les chèvres.

« Il était roux, dit l'histoire, et avait de beaux yeux. »

Le père fait donc amener son huitième et au moment où il arrive, le Seigneur glisse dans l'oreille de Samuel :

« C'est lui ! Lève-toi et donne-lui l'onction. » Samuel se lève, prend une corne d'huile et la verse sur la tête du petit David, au milieu de ses frères. Et à partir de ce jour-là, dit le poème, le souffle saint fondit sur lui[36]. Quelle tempête spirituelle ! Le souffle fond sur le petit garçon comme un aigle sur sa proie.

J'explique à l'assistance – aux enfants surtout – que le souffle va fondre sur Rébecca… sans lui faire mal, qu'il va s'emparer d'elle pour la guider, pour l'encourager, et que l'onction d'huile dont je vais la marquer est un geste d'élection. Elle est choisie, elle est reine, elle est David, aujourd'hui. Lui verser toute une corne d'huile sur la tête, ce serait beaucoup. Je m'en tiens à quelques gouttes que j'étends lentement sur son front en disant :

> « Rébecca, je te marque de cette huile sainte,
> le signe de la consécration des reines et des rois.
> Que le souffle qui a fondu sur toi accompagne ta route.
> Aujourd'hui, et pour les jours d'entre les jours. »

Après le baiser, le prénom, l'eau et l'huile, le dernier rite convoque la lumière qui va envelopper l'enfant.

Chacun des participants a reçu un petit luminaire. Au parrain et à la marraine, je remets une grande bougie gravée au nom de leur filleule. Aux parents, une lanterne. Sur un candélabre brûle déjà le cierge pascal qu'on allume dans la liturgie à l'occasion des grandes traversées. Le cierge rappelle qu'une lumière nous précède et qu'elle nous suit. Qu'il y a en nous plus grand que nous. Qu'il y a, en ce monde, d'autres rivières et d'autres Rébecca. Que l'amour est large et qu'il brille, même là où on ne l'attendait pas.

La bougie, le parrain et la marraine vont la conserver précieusement. Et le jour où leur filleule choisira elle-même sa voie spirituelle, ils lui offriront cette belle trace de son baptême en lui disant : « À toi, maintenant, de prendre la route. Va où ton cœur te mène, où regardent tes yeux. » La lanterne, c'est la lampe des bergers. La lampe du sanctuaire. La lanterne magique. En guidant leur fille sur les chemins de la vie, les parents lui offriront cette lumière-là. Quant au petit luminaire, il encourage chacun à garder sa lampe allumée. Pas seulement aujourd'hui. Plus tard aussi, même loin de Rébecca. J'invite les participants à l'emporter, à le rallumer de temps en temps, en pensant à elle, et en veillant sur elle.

Je me dirige alors vers le cierge pascal, j'y prends une flamme et je la fais passer de luminaire en luminaire. Le parrain et la marraine tiennent, ensemble, leur bougie allumée à hauteur du visage de l'enfant. Les parents l'éclairent aussi en soulevant leur lanterne.

Et puis je raconte :

– Un jour, un vieil homme s'est penché sur un enfant. Il s'est arrêté à la frontière de son visage. Il savait que le visage est une frontière bien trop fragile pour être franchie. Le vieil homme, Syméon, n'était plus que son regard. Il a pris l'enfant et il l'a blotti dans ses bras. On aurait dit qu'il le cachait. Mais en réalité, il le bénissait en disant : « Mes yeux ont vu la lumière. Maintenant, ô Maître, tu peux laisser ton serviteur s'en aller dans la paix selon ta parole[37]. »

L'Ancien s'en est allé car il venait de rencontrer le Nouveau.

Cette « Sainte Rencontre » que l'on appelle communément la Présentation au Temple de l'enfant Jésus, c'est la Chandeleur, le jour des chandelles, le jour où l'on bénit la lumière qui fait du bien.

Qu'importe le calendrier.

Pour nous, c'est aujourd'hui, le jour des chandelles.

« Tu es notre Chandeleur, Rébecca.
Et nous t'entourons de chandelles d'affection.
Qu'une petite lampe éclaire ta maison.
Et que le Souffle saint ne cesse de se pencher sur toi.
Pour les jours et les jours. »

La petite venait de s'endormir, aussi ravie qu'un santon.

Accordailles

Il arrive que « semailles » et « accordailles » fassent bon ménage au cœur d'une même célébration.

J'ai souvenir qu'un jour une jeune mariée resplendissante d'arrondissement m'avait demandé de déposer sur l'autel les chaussons de son futur bébé. Elle était proche de son terme et m'a confié, à la fin de la célébration, que l'enfant bondissait en elle pendant l'accouchement du « oui » sacramentel.

Une autre fois, j'ai baptisé un petit Maxence pendant le mariage de ses parents. Quelle joie de faire s'entremêler les sacrements et d'encourager les rites à dialoguer. L'eau, l'huile et la lumière traversaient joyeusement une liturgie où la parole bondissait quelquefois entre le parrain, la marraine, les parents et les témoins. Les fonts baptismaux qui en avaient pourtant vu d'autres souriaient de plaisir en accueillant un tel entrecroisement de « oui ».

Les « accordailles » peuvent aussi donner naissance à des accords inattendus comme le jour où j'ai reçu le consentement de deux non-croyants ! Je n'ai jamais oublié la visite d'Évelyne et de Michel. À première vue, une démarche des plus habituelles : ces jeunes gens ouverts et chaleureux venaient me demander de préparer avec eux la célébration de leur mariage. Nous en discutons, bien entendu, et je découvre au cours de la conversation qu'aucun des deux n'est croyant. Je leur demande tout spontanément : « Mais alors, pourquoi à l'église ? » « Nous ne le souhaitons pas, me répondent-ils, c'est uniquement pour faire plaisir à nos parents. » Je leur dis : « Mais non ! Nous n'allons pas jouer ce jeu-là. Par contre, je suis tout disposé à vous accompagner à la mairie et à préparer une démarche laïque avec vous. » Ils étaient enchantés de la proposition et me quittent avec reconnaissance. Quelques jours plus tard, les voilà à nouveau, complètement dépités : c'est la catastrophe à la maison, des deux côtés ! Les familles n'imaginent pas une seconde que leurs enfants puissent contourner l'église. Et avec la complicité du curé ! J'ai tenté de convaincre les parents, sans y arriver, et devant le découragement de ces jeunes si sincères mais catastrophés d'avoir provoqué cette tempête, nous avons convenu qu'ils pourraient se marier « laïquement » à l'église. J'étais très ému de leur engagement « non sacramentel », et d'avoir pu construire avec eux une démarche spirituelle authentique qui s'est efforcée d'« accorder » des attentes tellement éloignées au départ.

Cette aventure me conduit à mettre en lumière une question que j'aborde systématiquement lorsqu'un couple vient préparer son mariage : on ne célèbre pas que pour soi. Célébrer, c'est aussi se décentrer. Et même si, par définition, les futurs mariés s'adressent l'un à l'autre devant tous, je les invite toujours à construire une parole qui tente d'accueillir la pluralité des vécus d'une assemblée. Et pas que sa pluralité philosophique ou spirituelle. Sa diversité affective aussi. Arriver à dire la joie de faire couple dans des mots et des gestes capables d'être reçus par celui ou celle, dans l'assistance, dont le couple vient peut-être de se briser. J'ai vécu des moments intenses où de jeunes mariés trouvaient cette justesse de ton tellement respectueuse et parvenaient à exprimer la joie de leur engagement dans le vocabulaire de l'incertitude.

Pour dire cet engagement à cœur ouvert, on a besoin d'un lieu et d'un rituel. Mais ni l'un ni l'autre ne doivent être figés. Je crois que célébrer, c'est aussi créer un espace et l'habiter, ce qui conduit parfois à réinventer un lieu traditionnel. Et il ne suffit pas de s'en tenir à une heureuse décoration florale. Cela vaut vraiment la peine de voir, avec chaque couple, comment le lieu va donner vie aux paroles et aux gestes qui vont s'y exprimer.

Je pense à ce mariage où le couple avait installé des ballots de paille dans le chœur de l'église. Il ne manquait que l'âne ou le bœuf pour que la noce se déroule à la crèche ! Ça sonnait très juste. Les mariés, leurs tout jeunes enfants, les témoins et moi-même… étions assis sur les ballots. Je reconnais que ce dispositif de proximité en demi-cercle a permis une excellente circulation de la parole et une très bonne communication avec l'assemblée.

Pour rester en ambiance de ruralité, l'un de mes filleuls a souhaité célébrer son mariage en pleine nature, dans un décor bucolique à souhait ! J'avoue que l'environnement était enchanteur. Pour arriver dans le pré où allait se dérouler la cérémonie, il fallait suivre un sentier dans les bois et franchir un petit pont qui menait les invités dans une splendide vallée. De quelque côté que l'on porte son regard, il n'y avait que des arbres, des prairies et une rivière avec, à distance raisonnable, des vaches qui s'étaient invitées à la cérémonie.

Lors de cette liturgie intitulée sans surprise « Le bonheur est dans le pré », il fut beaucoup question de François d'Assise, des plantes de la Bible, des rythmes et des saisons de l'amour mais aussi de partager des terres et de planter un arbre nuptial. Très concrètement, après l'échange des consentements et avant celui des alliances, les mariés ont présenté un jeune noyer à l'assemblée. C'est un arbre très biblique, ont-ils raconté, bien attesté dans le Cantique des cantiques, mais qui poussait aussi généreusement au temps de Jésus, notamment du côté du lac de Tibériade. La noix est vraiment le fruit des épousailles, ont-ils encore ajouté. Il suffit de regarder les deux moitiés de la coquille étroitement accolées. Mais ce fruit reflète aussi le paradoxe de l'amour puisque sa peau verte et tendre, quand elle éclate, dévoile une tête dure…

Pour que le noyer grandisse bien, le couple a proposé à l'assemblée le rite de l'accordaille des terres. C'est que chaque participant à la noce avait été invité à apporter, en cadeau, un peu de terre de son jardin. Une manière, ont-ils dit, « de rappeler notre relation avec vous. Ces terres partagées vont réunir tous les endroits d'où vous venez, où nous sommes passés, tous ces lieux qui nous ont vus grandir et toutes ces personnes qui nous ont aidés à devenir ce que nous sommes aujourd'hui ».

Il arrive que les « accordailles » ne soient plus possibles. Peut-on alors célébrer les « désacordailles » ? Une amie rabbin m'a raconté que dans sa tradition juive libérale, quand on se séparait, il était bien de se séparer… devant Dieu ! Ce qui a été « accordé » à la synagogue, n'appartient-il pas à la synagogue de le « désaccorder » ? Pour le dire de façon toute simple, cela a du sens, me confiait la rabbin, de prendre la communauté à témoin de la rupture du lien… N'est-ce pas un bel acte de foi que de confier à Dieu nos désaccords autant que nos accords ?

Œuvre de parfumeur

Dans la tradition catholique, il y a sept sacrements. Quatre d'entre eux ont recours à l'huile : le baptême, la confirmation, l'ordre et l'onction des malades. Pas d'huile pour la pénitence et pour l'Eucharistie.

Mais le mariage…

Ne peut-on innover puisque l'huile, dans la Bible, c'est l'élection, la force, la lumière, l'encouragement, l'apaisement ?… J'ai accompagné à plusieurs reprises des couples qui avaient choisi de décliner l'huile tout au long de leur cérémonie, de l'huile de la miséricorde à l'huile de l'engagement.

En entrant dans l'église, les invités recevaient, avec le livret de la célébration, une petite fiole d'huile qui ne manquait pas de les intriguer. Sans en faire une règle systématique, j'aime qu'une liturgie puisse interroger dès le tout début, et parfois surprendre. Car ici, rien n'indiquait le « mode d'emploi », si ce n'est le titre sur la couverture : « Emplis ta corne d'huile ».

Après l'accueil, *l'huile de la miséricorde* voulait mettre en lumière trois passages bibliques où l'huile joue un rôle clé : le Bon Samaritain[38], l'élection royale du petit David[39] et la présence des dix jeunes filles qui attendent le retour des mariés : les cinq sages ont gardé de l'huile en réserve alors que les cinq têtes en l'air ont laissé fuir l'huile de la joie[40].

La prière d'ouverture ramassait le début de la célébration à travers quelques mots très simples :

« Seigneur, tu le sais bien :
Il suffit parfois d'un peu d'huile pour soulager une blessure.
Un peu d'huile pour que le plus petit soit honoré.
Un peu d'huile pour que la fête des noces continue.
Nous t'en prions :
donne à Marie et à Simon cette huile de joie et de miséricorde qui leur permettra d'apaiser, d'élire et d'éclairer, pour les jours d'entre les jours. »

En deuxième partie, *l'huile de la parole* invitait le couple et l'assemblée à voyager dans quelques grands textes bibliques, dont le plus étonnant était sans doute ce passage de l'Exode où Dieu invite Moïse à faire œuvre de parfumeur. La recette divine reste d'étonnante précision et de brûlante actualité comme on va pouvoir en juger.

Lecture du livre de l'Exode…

« Le Seigneur adressa la parole à Moïse et lui dit : “Procure-toi des aromates de première qualité : de la myrrhe fluide : cinq cents sicles ; du cinnamome aromatisé : la moitié, soit deux cent cinquante ; du roseau aromatique : deux cent cinquante ; de la canne : cinq cents, en sicles du sanctuaire, avec un hîn d'huile d'olive.

Ainsi, tu feras l'huile d'onction sainte, parfum de mélange parfumé, œuvre de parfumeur : ce sera l'huile d'onction sainte. Tu oindras avec elle la Tente du Rendez-vous, le Coffre du témoignage, la table et tous ses objets, le chandelier et ses objets, l'autel du parfum, l'autel de l'holocauste et tous ses objets, la cuve et son support. Tu les consacreras et ils seront sacrement des sacrements : qui les touchera sera consacré.” […]

Le Vivant dit encore à Moïse : “Procure-toi des essences parfumées : storax, ambre, galbanum, et ces parfums avec du pur encens, part pour part, tu en feras un parfum mélangé, œuvre de parfumeur[41].” »

M'adressant au jeune couple et à l'assemblée, je leur ai dit :

– Cette « parole du Seigneur » à Moïse mérite quelques mots d'explication. Un sicle, c'est environ seize grammes d'argent. Donc cinq cents sicles de myrrhe, ça fait huit kilos ! La canne, c'est de la cannelle tout simplement. Et un hîn, une mesure de liquide d'une contenance de cinq litres. Quand le tout est bien mélangé il faut en enduire « la Tente du Rendez-vous ». Dans la Bible, cette Tente représente l'espace sacré, itinérant, qui un jour deviendra le Temple. Et qui abrite l'Arche d'alliance, c'est-à-dire le Coffre du témoignage.

Si je résume… Nous sommes ici, en ce moment, dans la Tente du Rendez-vous. Et il doit y avoir quelque part un coffre, ou une arche, ou un tabernacle… qui renferme le pacte que le Seigneur a passé avec nos jeunes mariés.

Petite parenthèse, vous avez entendu et j'espère que vous y avez pensé : il faut mettre du parfum partout : dans la tente (l'église), sur le tabernacle, sur l'autel, sur les chandeliers, sur la cuve baptismale… Partout ! On est bien trop mesquin avec le parfum dans les églises d'aujourd'hui ! Rappelez-vous la reine de Saba quand elle arrive chez Salomon, si désireuse de le séduire. Elle lui offre de l'or, des pierres précieuses mais jamais, dit le Livre des Rois, il ne reçut autant de parfum[42]. Et Esther ? Quelle généreuse histoire ! Dans son harem, pour qu'elle séduise le roi, on va lui faire « six mois de massages et de soins dans l'huile de myrrhe et six mois dans les aromates et les cosmétiques ».

Quant au psaume 133, il s'enthousiasme :

Oh ! Quel plaisir, quel bonheur de se trouver entre frères !
C'est comme l'huile qui parfume la tête,
et descend sur la barbe, la barbe d'Aaron,
qui descend sur le col de son vêtement.

Savez-vous d'où vient cette histoire d'huile qui descend sur la barbe d'Aaron ? D'Égypte, évidemment. En ce temps-là, quand vous étiez invité à un apéritif de mariage, au moment d'entrer dans la salle des noces, il était d'usage que chacune, chacun, soit coiffé d'un cône aromatique. Et au cours de la réception, à cause de la chaleur du corps, de l'ambiance aussi, ce cône libérait petit à petit une huile parfumée qui coulait et se répandait sur la chevelure et sur les vêtements. Éventuellement sur la barbe.

Alors, Marie et Simon, j'espère qu'en arrivant à la salle du banquet tout à l'heure, nous serons tous coiffés d'un cône comme celui-là...

Permettez-moi encore quelques petits conseils pratiques :

Le cinnamome. Légèrement épicé avec une petite odeur de brûlé. C'est un parfum de séduction. Et les amoureux, paraît-il, en aspergent leur lit. Vous retenez bien : cinnamome.

Le galbanum. Odeur boisée, balsamique. Ça, c'est surtout pour Marie : il est très efficace contre l'anxiété. N'oublie pas, Marie : du galbanum !

Le ladanum. Odeur fauve et herbacée. Hérode et Pline prétendent qu'on le recueillait sur la barbe des chèvres dont les poils en étaient imprégnés.

Quant au *nard*, ce doit être vrai qu'il est de très grand prix puisque Horace promettait à Virgile un tonneau entier de son meilleur vin contre une toute petite fiole de nard. Un parfum qui est plus qu'un parfum, mais un tremblement, un tressaillement, un frisson.

Je vous souhaite de vous offrir – longtemps – le frisson de votre affection.

L'huile de l'engagement de Marie et Simon verra se succéder trois moments : l'échange des consentements, l'échange des alliances et l'onction des époux.

Quand le couple en est d'accord, je l'invite toujours à réécrire les mots de son engagement. Beaucoup l'acceptent et trouvent souvent une manière personnelle de l'exprimer.

Ainsi Marie et Simon.

Marie :

– Simon, veux-tu être le funambule qui m'aidera à marcher sur la corde de mes rêves ? Veux-tu être mon philosophe et ne pas cesser de m'interroger ? Veux-tu être mon époux ?

Simon :

– Oui, je le veux. Et toi, Marie, si attentive à colorier mon espace par ta créativité, veux-tu être l'artiste de notre couple et ne pas cesser de le réinventer ? Veux-tu être ma femme ?

Marie :

– Oui, je le veux. Comme j'ai bonheur à accueillir ta patience, ta compréhension et ta légèreté.

Simon :

– Et moi, je vais tenter de respecter ton jardin de désordre… et d'accueillir ces différences qui nous grandissent.

Après l'échange des consentements et celui des alliances, j'ai invité Marie et Simon à faire « œuvre de parfumeur ».

Étonnant mouvement des coupes qui circulent dans l'assemblée sur fond musical. Chacun – s'il n'est pas « tête en l'air » – est invité à verser l'huile de la fiole qu'il a reçue au tout début, et quand les récipients reviennent et sont déposés sur l'autel, je réunis les différentes huiles dans une belle coupe en grès et j'y ajoute des essences de storax, d'ambre et de galbanum. J'invite les mariés à me rejoindre pour le rite de l'onction qu'ils vont se donner l'un à l'autre. Et puis je prends la coupe en disant :

« Regarde, Seigneur, la lumière de cette huile aux couleurs de notre assemblée, et bénis-la.

Que le souffle parfumé qui l'habite encourage Marie et Simon à partager l'huile d'un “je t'aime” pour les jours et les jours. »

Je présente la coupe à Marie.

Du pouce, elle recueille un peu d'huile et dépose sur le front de Simon une trace de baume parfumé.

Elle dit :

– Simon, tu es mon élu.

Reçois cette huile de la miséricorde.

Qu'elle éclaire notre chemin.

– Marie, je reçois ton onction comme une bénédiction.

Si un jour je suis malade ou blessé, refais sur moi ce geste parfumé.

Et quand la vie nous séparera, si j'ai le bonheur d'être veillé par toi, refais sur mon corps ce geste de lumière, une dernière fois…

Je présente la coupe à Simon qui dépose, lui aussi, une trace sur le front de Marie avec les mêmes mots[43]…

Pour ceux qui le souhaitent, il est possible de poursuivre l'« œuvre de parfumeur », de l'offertoire à la communion. L'huile a toute sa place parmi les offrandes. Elle peut traverser la prière eucharistique et répandre son parfum sur le Notre Père.

Tout à la fin, au moment de l'« envoi », j'ai remis à Marie et à Simon cette belle coupe si présente pendant la liturgie de leur mariage, en leur proposant de lui donner une place de choix à la maison. Et en souhaitant que cette huile arc-en-ciel, mélange de toutes les différences réunies autour d'eux ce jour-là, leur rappelle, et pendant longtemps, les multiples visages de l'amitié qui les accompagnent.

À la sortie, deux couronnes en feuilles d'olivier les attendaient…

Célébrer les jours saints

Un prieuré

Situé au cœur du Brabant wallon, à une demi-heure de Bruxelles et à un quart d'heure de Louvain-la-Neuve, voilà plus de trente ans que le prieuré de Malèves-Sainte-Marie invite la Bible, le journal et l'imaginaire au bal de la foi. Il propose que la danse, la peinture, la poésie, le théâtre, le cinéma, le roman, la chanson… interrogent l'actualité et labourent l'Évangile. Rien à voir avec une couche de vernis esthétisante qui tenterait de protéger une peinture en train de s'écailler. L'enjeu n'est pas de « faire beau » mais de « faire juste », de provoquer un déplacement, et d'inviter des gens de convictions différentes à se laisser surprendre. En leur offrant de quitter les rives d'une célébration trop académique, le prieuré de Malèves-Sainte-Marie espère les encourager à rejoindre la fantaisie, le mordant, l'inattendu d'un texte biblique qui, justement, parce qu'il n'est pas figé, a besoin pour libérer ses potentialités d'une langue un peu plus virevoltante. L'appel à des poètes, à des artistes et à des témoins ne vise pas à mettre au goût du jour mais espère, bien plus fondamentalement, provoquer une secousse. Le recours à l'imaginaire n'est pas un *au-dessus* mais un *en dedans.*

Rien de compliqué dans cette approche-là. Mais le souci d'interroger à neuf les textes fondateurs et de trouver ou de retrouver des gestes et des mots encore capables de mettre en route, des sons et des rythmes au service d'une célébration qui espère élargir et faire grandir celles et ceux qui acceptent de la rejoindre.

Cette démarche que le prieuré pratique tout au long de l'année prend plus d'ampleur encore et plus d'intensité au moment de la semaine sainte. Avant de partir à la rencontre des principaux rites du Jeudi, du Vendredi et du Samedi, les pages qui suivent se proposent de raconter l'esprit qui préside à la célébration de ces trois jours et d'entrer dans les coulisses de la confection qui rend possible le tissu de ces liturgies.

On ne parle pas ici d'un « modèle ». Et moins encore d'une conception liturgique qui exigerait des qualifications hors du commun. Les célébrations qu'on va découvrir sont à la portée de tous. Mais il est vrai que la simplicité demande souvent beaucoup de travail. Relire les grands moments des jours saints à la lumière de l'actualité et de l'imaginaire suppose pas mal de recherches et de confrontations pour faire se rencontrer des univers qui n'ont pas été habitués à se fréquenter d'aussi près. Mais c'est surtout une affaire de mentalité et de conversion du regard comme on va le voir en examinant les farines qui entrent dans la composition de ce pain liturgique multicéréales.

Un invité

Un premier point, déterminant : le choix et l'accueil d'un invité qui va jouer un rôle clé tout au long du processus. Il ou elle appartiendra le plus souvent à un des métiers de l'imaginaire, mais ce sera peut-être, aussi, le témoin d'une pratique professionnelle ou d'une actualité en résonance avec l'esprit de la semaine sainte. Le prieuré a donc reçu, ces dernières années, des chanteurs, des cinéastes, des romanciers, des photographes, des comédiens, des peintres, des poètes mais aussi des médecins, des infirmières, des professeurs, trois femmes pasteures, une autre rabbin, et même un théologien !

L'invité peut être croyant ou ne l'être pas, connu ou peu connu. Tout se joue le plus souvent dans la surprise du rapprochement. Le rapporteur spécial des Nations unies pour le droit à l'alimentation pourra venir bouleverser la table du Jeudi et un artiste-clown non croyant relire de façon si personnelle la Passion du Vendredi.

On me dit parfois que pour décrocher « ces gens-là » il faut un fameux carnet d'adresses et de solides relations. Mais non ! Il faut surtout le vouloir et prendre le temps : approcher, apprivoiser, multiplier les démarches, car toutes ne vont pas aboutir, et oser frapper à certaines portes qui ne demanderont qu'à s'ouvrir. Que d'artistes m'ont dit qu'on les entraînait sur ce terrain-là pour la première fois, et que ça leur faisait grand plaisir.

Cinq heures

Autre élément essentiel : la durée. Tout se passe en cinq heures. La précision est importante. Entre le choix d'aller vivre trois jours dans une abbaye et l'office d'une à deux heures dans une communauté paroissiale, j'ai mesuré qu'il y avait place pour une proposition intermédiaire bien adaptée aux exigences familiales et professionnelles d'aujourd'hui : le créneau de 17 à 22 heures. Un temps durant lequel plusieurs modes d'expression vont se relayer : l'entretien, la lecture, le chant, le débat, le repas et la célébration.

La rencontre commence généralement à 17 heures. Sauf quand l'invité est cinéaste et qu'on décide, dès 14 ou 15 heures, de regarder un de ses films.

Entre 17 et 19 heures, le public fait plus ample connaissance avec le témoin du jour à travers une rencontre qui tente d'en révéler différentes facettes. Le récit de son parcours sous forme d'interview suivie d'un débat sera rythmé par un choix de textes et de chants qui illustrent son itinéraire.

De 19 à 20 heures, un repas nomade permet une démarche plus proche et plus fraternelle. L'occasion de manger un bout avec elle ou avec lui et de poursuivre la conversation de manière informelle.

De 20 à 22 heures, c'est une règle au prieuré, l'invité va jouer un rôle clé dans la célébration en participant aux rites et en proposant son interprétation des textes à l'ordre du jour. Dit comme ça, la démarche pourrait paraître fort intellectuelle et faire fuir un témoin qui ne se sentirait pas à la hauteur théologique de l'événement. La réalité, comme on le verra plus loin, est bien plus simple et naturelle. Même au cœur de la liturgie, je pars toujours du « vécu » de l'invité, de son parcours, de ses convictions, de son savoir-faire. Et c'est « de là » que je lui demande d'interroger les textes et les rites, jusqu'à lui proposer d'assurer l'homélie. On découvrira comment cette relecture parfois insolite peut être interpellante, y compris pour le témoin lui-même. Car c'est une des grandes joies qui m'habitent après toutes ces années de pratique liturgique un peu « différente » : découvrir à quel point nos visiteurs d'un jour sont reconnaissants d'avoir pu vivre d'aussi près une pratique célébrationnelle dans laquelle ils se sont engagés avec générosité.

Avant d'entrer dans le vif des trois jours saints et pour tenter de faire percevoir au mieux l'esprit qui traverse ces célébrations, il est important de dire quel travail textuel, floral, vocal et musical préside à l'élaboration de ces liturgies.

Des textes

Au commencement… il y a des textes. Ils sont là ! Ils viennent de la Bible et de l'Évangile et disent le dernier repas, la Passion, la mort et la résurrection. Ils sont aussi « oraisons », « Credo » ou « prière eucharistique ». On pourrait convenir de les prendre « sans plus ». Mais si on pense qu'il est important de s'en emparer, de les agencer, de les découper, de les réduire ou de les prolonger… alors le travail commence, avec cette conviction qu'ils ont besoin de compagnes et de compagnons pour traverser les trois jours : les chants, les musiques mais d'autres textes aussi appartenant à la littérature universelle, des contes, des récits, des poèmes qui viendront soutenir, encadrer, stimuler, interpréter les textes liturgiques eux-mêmes. Je donnerai plus loin, au moment de présenter les rites, quelques exemples de ces textes « étrangers » devenus de si proches voisins. Des textes qui gravitent aussi autour du mot clé qui inspire le quotidien du prieuré. Si l'année est placée sous le regard de la « brûlure », de la « résistance » ou du « souffle », on cherchera des textes qui évoquent la brûlure du Jeudi, la résistance du Vendredi et le souffle du Samedi.

Il y a, dans tout cela, je ne veux pas m'en cacher, une prétention littéraire, mais au sens le plus simple et le plus ouvert du mot. L'affirmation littéraire peut être populaire. Elle n'est pas un privilège réservé à une communauté plus sélective ou plus « intellectuelle ». N'est-il pas heureux de savoir que Marguerite Yourcenar a écrit des choses bouleversantes sur Marie-Madeleine, que Christian Bobin a parlé de manière unique du « Christ aux coquelicots » et qu'Hildegarde de Bingen invite à accueillir, à Pâques, l'ombre de la lumière ?

Des fleurs

J'ai la chance de pouvoir compter sur une petite équipe de cinq personnes qui maîtrisent avec bonheur l'art floral liturgique. J'aime leur démarche qui se met sobrement, mais de manière expressive, au service des temps et des moments célébrés. On dirait qu'elles élaborent une bande dessinée florale que les participants voient progresser de case en case et de jour en jour.

Dès le porche de l'église, un « tableau végétal » donne déjà le ton et surtout la couleur. Il accueille et invite à entrer. Des branchages et des fleurs qui se passeront sobrement le relais jusqu'au chœur. Ainsi, du Jeudi au Samedi, l'assemblée va découvrir des métamorphoses et vivre des déclinaisons pleines d'imagination.

Les artistes floraux – quatre femmes et un homme – vont parfois jouer sur une seule couleur. Et le rouge-parfum du Jeudi deviendra un rouge-sang le Vendredi et un rouge-lumière le Samedi. Une autre année, chaque jour aura sa couleur et on cheminera du blanc au jaune en passant par le rouge. Mais au-delà des fleurs et des couleurs, ces artistes ont aussi la bonne idée d'intégrer des objets dans leurs compositions, souvent liés au témoignage de l'invité. On a vu apparaître des godasses, des nez rouges et des tabliers qui, chacun, renvoyait à un accent liturgique. Et cet objet lui-même pouvait parfois suivre le rythme de la sainte semaine, comme le tablier justement, qui était un vêtement de service pour le lavement des pieds du Jeudi, qu'on a retrouvé déchiré sur la croix le Vendredi et qui est devenu tablier de lumière le Samedi.

Je me demande parfois si mes amis des fleurs leur parlent en secret en leur expliquant la diversité de leurs vocations ? On n'accompagne pas une jeune mariée comme un défunt. Une jonquille peut être appelée à célébrer le printemps de la naissance et une autre apporter un peu de lumière dans une chambre de souffrance. Du Jeudi au Samedi, j'ai vu prier les fleurs, je les ai vues pleurer et j'ai beaucoup aimé qu'elles éclatent de rire.

J'admire le travail de ces artistes des fleurs qui passent des jours à penser et à confectionner leurs réalisations en s'imprégnant des textes et des chants et en se documentant aussi sur le parcours de l'invité. Et leur art est d'autant plus dépouillé et désintéressé qu'il ne dure que l'espace de trois jours. Mais il fait image. Et ces images accompagnent longtemps.

Des chants

Les chants aussi habitent les participants longtemps après la célébration.

J'ai toujours accordé la plus grande attention au chant liturgique. Par passion et par hérédité. Mon père chantait en grégorien dans les petites églises de ma région natale alors que moi-même j'ai pratiqué le plain-chant au séminaire et à la cathédrale de Liège. Avec joie. Et sans jamais verser dans la moindre nostalgie quand le latin s'est éclipsé sur la pointe des pieds…

Après avoir connu toutes les évolutions du chant liturgique, de Joseph Gélineau à André Gouze en passant par Didier Rimaud, Mannick, Jo Akepsimas ou Gaëtan de Courrèges… je me suis trouvé, par la grâce du groupe vocal qui m'accompagne au prieuré, Les Muses, devant un tout nouveau défi : introduire la chanson contemporaine au cœur de la liturgie. Un vrai plaisir de travailler avec des chanteuses et des musiciens qui ont l'art d'inviter Jacques Brel, Georges Brassens, Barbara, Jean-Jacques Goldman, Céline Dion, Linda Lemay, Fred Pellerin, Francis Cabrel, Laurent Voulzy, Pierre Rapsat, France Gall, Michel Berger, Claudio Capéo, Zaz, Enya, John Newton, Leonard Cohen et même le Cirque du Soleil ! Je précise que jamais ces chansons n'atterrissent dans la liturgie par hasard car une réflexion de fond participe à la programmation. En préparant leur répertoire, Les Muses examinent les textes de près pour que leurs interventions soient le plus possible en harmonie avec les moments liturgiques concernés. Elles ont aussi la préoccupation d'ouvrir ou de prolonger les propos de l'invité en donnant à son témoignage une touche de couleur qui renforce encore sa parole. C'est qu'au-delà de leurs qualités vocales, Les Muses habitent la célébration et tissent avec les participants un rapport chaleureux et précieux sur le plan célébrationnel.

Je n'oublie pas les musiciens et la connivence de leurs accompagnements. J'ai pu mesurer, par exemple, à quel point l'accordéon pouvait être bouleversant pendant la Passion du Vendredi, et avec quel enthousiasme guitares et batterie faisaient éclater les alléluias du Samedi. Sans oublier le formidable apport liturgique du piano. Même lors de funérailles. J'ai évoqué cette célébration du dernier adieu où le piano offrait à la liturgie une intériorité exceptionnelle.

Certains pourraient s'inquiéter de voir la célébration se muer en concert de variétés… À quoi je réponds une chose toute simple : la liturgie doit-elle rester sur une île, comme une culture « à part » réservée aux derniers des Mohicans pratiquants ? Ou faut-il y intégrer quelquefois d'autres sensibilités musicales contemporaines ? Sans négliger les recherches de groupes qui, aujourd'hui, continuent à offrir au répertoire biblique de nouvelles expressions harmoniques. Je plaide pour des célébrations ouvertes et inventives qui osent faire se rencontrer des chants et des musiques aux appartenances multiples. Même l'orgue que j'ai toujours beaucoup aimé peut aussi « se libérer ». Je l'ai mieux mesuré encore en invitant un jour, à l'université de Louvain, comme artiste en résidence, l'organiste Bernard Foccroulle qui allait quitter la Monnaie pour reprendre la direction du festival d'Aix-en-Provence. Foccroulle à qui l'on doit des enregistrements de Bach et de Buxtehude mais qui a composé aussi des mélodies et paraphrases instrumentales inspirées de poèmes de Rilke. Et c'est lui qui m'a proposé des dialogues surprenants entre l'orgue et le saxophone par exemple, mais surtout une démarche liturgique originale où l'orgue accompagnait une danseuse évoluant dans le chœur de l'église.

Des voix

Le travail vocal n'est pas que le travail du chant. Il faut aussi « dire » les textes liturgiques. Et pour qu'ils expriment toute leur saveur, je fais souvent appel à des récitants ou à des comédiens. Il ne s'agit pas de « surjouer » et de donner de l'emphase, mais de rendre la lecture aussi simple et naturelle que possible. Le lecteur « paroissien » ne parvient que rarement à s'éloigner de ce ton si particulier que j'ose appeler le « ton curé » malgré toute ma sympathie pour la profession ! Une vraie « maladie » liturgique qui touche parfois le célébrant lui-même, comme une impossibilité de parler normalement sous prétexte qu'on est au temple ou à l'église. Que signifie cette expression un peu surfaite, trop chantante ou trop insistante, qui dans l'inconscient, je crois, se trompe de sacré ? Alors que le sacré, justement, ne demande pas à être accentué. Je suis sensible à l'intention généreuse de communautés qui veulent encourager la participation. Mais il ne faut pas instrumentaliser la liturgie. La célébration n'est pas une animation. Elle est un « jeu » au service d'une parole venue de loin et elle a besoin que des « diseurs » sachent partager avec simplicité ces mots qui ont traversé le désert. Au prieuré, des récitantes comme Sylvie Rigot ou Marie-Claire Bolly parviennent à offrir à l'assemblée une fraternité de voix qui rend la lecture liturgique vive et chaleureuse.

Une épaisseur de l'air

Le levain qui habite toutes ces farines et donne souffle à la pâte liturgique s'appelle le ton. Du début à la fin, du mot d'accueil à la bénédiction d'envoi, en passant par l'homélie, le Credo et la prière eucharistique, il ne peut y avoir de rupture de ton. Mais comment le trouver, ce ton-là ? Il ne suffit pas de faire vibrer le diapason pour donner le *la* d'une célébration. Et comment en parler ? Il est très difficile de raconter une liturgie sans la défigurer. Il faut la vivre ! Car au-delà des rites, des textes et des chansons, beaucoup se joue dans le non-dit, dans le ressenti, dans l'impalpable, un fou rire, un bâillement, une distraction ou tout simplement le trottinement d'une petite Judith de trois ans qui quitte sa maman pour venir me rejoindre au lutrin. Je la prends dans mes bras pour la présenter à l'assemblée. Et quand je lui demande au micro : « Comment ça va ? », elle me répond avec le plus grand naturel : « T'as bientôt fini ? » J'aime qu'une petite fille vienne de temps en temps détourner le cours d'une liturgie. Cela fait partie de l'épaisseur de l'air dont parle la chanteuse aveugle que j'ai évoquée plus haut. « Ce qui est important pour moi, dit-elle, c'est l'énergie que les gens dégagent, comme une épaisseur différente de l'air. L'épaisseur de l'air quand il se passe quelque chose entre moi et la personne en face, je crois que l'air est chaud, plus opaque. J'ai ressenti cela récemment comme une toile tissée. Quelquefois la parole intérieure est tellement plus forte que j'entends bien plus que ce qui pourrait être prononcé. » L'artiste explique encore que quand elle monte sur scène, elle ressemble à une funambule. « J'ai le trac. De la joie. Comment dire ce qui se passe ? Être. Accord peut-être avec soi. Une sublimation ? Je ne sais pas. Offrir. S'abandonner. » Il y a, dit-elle encore, « une grandeur. Une amplitude de soi[1] ».

Moi aussi, quand je célèbre, je me sens un peu comme un funambule. J'ai parfois le trac. De la joie, souvent. Est-ce que je parviens à « offrir » ? Est-ce que je réussis à « m'abandonner » ? Est-ce que je « sublime » ? Je ne sais pas. Mais je suis sûr de la grandeur de ce qui se joue là. De l'amplitude. Et je comprends que le comédien Philippe Vauchel qui collabore de temps en temps avec le prieuré rêve parfois d'une sortie de scène où le spectateur lui dirait : « Votre spectacle m'a beaucoup aimé. » Je rêve de sortir d'une célébration où un participant me dirait : « Votre liturgie m'a beaucoup aimé ! »

Jeudi

Cette année-là, j'avais invité une femme à la table du Jeudi saint. Petite, elle se voyait chanteuse et elle est devenue… rabbin. « Mais la synagogue est aussi une scène ! » s'exclame Floriane Chinsky. Née à Paris en 1974, Floriane va d'abord étudier dans des écoles laïques tout en suivant un enseignement religieux dans le milieu synagogal. (« Mon catéchisme ! ») Et ça la passionne. Après un baccalauréat en sciences, une maîtrise en droit et un doctorat en sociologie du droit orienté vers la loi juive, elle choisit de poursuivre le rêve un peu fou qui l'habitait déjà toute petite fille : être rabbin. Elle a vingt-cinq ans. Après quatre années de formation au rabbinat, à Paris et à Jérusalem, elle est ordonnée en décembre 2004 et va exercer son métier en terre d'Israël avant d'animer une synagogue à Bruxelles et, aujourd'hui, dans le XXe arrondissement de Paris.

« Quand je regarde le monde, il m'arrive de pleurer », confie la jeune femme pour qui Israéliens et Palestiniens doivent œuvrer ensemble jusqu'à ce que se réalise enfin la parole du prophète Michée : « Alors chacun pourra s'asseoir paisiblement sous sa vigne et sous son figuier, car il n'y aura plus personne pour terroriser[2]. »

Quand j'ai rencontré Floriane Chinsky, j'ai très vite mesuré que nous avions en commun la passion de la célébration. D'ailleurs, me disait-elle, « dans le judaïsme, ce n'est pas la croyance qui est la porte d'entrée mais bien la pratique rituelle ». Alors… j'ai imaginé que nous pourrions peut-être célébrer ensemble des rites qui comptent beaucoup dans nos traditions respectives et j'ai demandé à Floriane si elle accepterait de me rejoindre un soir de Jeudi saint. Elle a dit oui et nous avons préparé cette célébration pendant près d'un an.

Le jour venu, nous avons voulu être très clairs à l'égard des chrétiens de l'assemblée et des amis juifs qui accompagnaient leur rabbin. En ouverture de l'office, nous avons expliqué l'un et l'autre qu'il n'y aurait aucune confusion dans cette liturgie. Il s'agissait bien de célébrer le Jeudi saint chrétien, mais avec la chance d'en stimuler la mémoire en lui permettant de revisiter ses propres racines juives.

Les quatre coupes

Tout au long de l'année préparatoire à cette célébration hors du commun, nous avons beaucoup travaillé en nous demandant quels textes et quels rites pourraient nous réunir au mieux et parler en même temps à nos communautés respectives. Après un exigeant cheminement, Floriane m'a fait une proposition lumineuse : célébrer autour des quatre coupes. Très présentes dans la ritualité juive, on en retrouve aussi des éléments dans les rituels chrétiens : le sel, l'eau, la farine et l'huile. Quatre ingrédients qui seront rejoints par quatre fleurs et quatre témoins pour quatre moments de passage. Quatre coupes accompagnées tout au long de la célébration par la musique et le chant d'un religieux vendéen qui aura l'art d'enflammer ensemble l'église et la synagogue : Gaëtan de Courrèges.

Première coupe : *le sel.*

À deux voix, nous expliquons à l'assemblée l'importance du sel dans la Bible et quel rôle il joue dans la vie sociale et rituelle des Hébreux pour signifier l'alliance, la fidélité, l'amitié. L'expression « partager le pain et le sel » indiquait l'hospitalité offerte à quelqu'un, commente Floriane. Et j'ajoute que dans l'Évangile, le sel est un engrais, y compris un engrais spirituel : « Vous êtes le sel de la terre », c'est-à-dire un bon sel bien sec qui ne se dénature pas[3].

Après cette ouverture, la récitante et le récitant se sont avancés.

Il a dit : « Sur toute offrande que tu présenteras, tu mettras du sel ; tu n'omettras jamais le sel de l'alliance de ton Dieu sur ton offrande ; avec chacun de tes présents, tu présenteras du sel[4]. »

Elle a dit : « On ne sale pas sa vie une fois pour toutes. C'est tous les jours qu'il faut tendre sa main vers la pincée de sel. J'ai besoin que mes voisins de table me tendent le sel, celui de leurs étonnements, celui de leurs indignations, celui de leurs luttes, celui de leur amitié, de leur rire, de leur vie. Et eux aussi attendent de moi l'humble sel de mon existence[5]. »

Vient alors le rite du partage du sel.

La première fleuriste s'avance avec la première fleur, bleue. Elle s'est inspirée d'un magnifique pastel de notre ami Jacques Aubelle représentant quatre fleurs pour quatre saisons.

Un témoin de chaque communauté accompagne.

Ensemble, nous soulevons un pot en grès bleu et nous faisons couler le sel de la délivrance dans la première coupe, celle de la traversée.

Deuxième coupe : *l'eau.*

Floriane parle de l'eau de la mer Rouge.

Je parle de l'eau du lavement des pieds.

Et nous nous rejoignons pour parler de l'eau du baptême en évoquant la naissance d'un enfant, la naissance d'un peuple, la naissance d'une liberté.

La récitante dit : « Moïse étendit la main sur la mer. Le Seigneur refoula la mer toute la nuit par un vent d'est puissant et il mit la mer à sec. Les eaux se fendirent et les fils d'Israël pénétrèrent au milieu de la mer à pied sec[6]. »

Le récitant dit : « Jésus se lève de table, dépose son manteau et prend un linge dont il se ceint. Il verse ensuite de l'eau dans un bassin et commence à laver les pieds de ses disciples et à les essuyer avec le linge dont il était ceint[7]. »

La deuxième fleuriste s'avance avec la deuxième fleur, verte.

Une jeune maman qui vient d'avoir son bébé quitte sa place, prend un cruchon d'eau et le verse dans la deuxième coupe, celle de la naissance.

Troisième coupe : *la farine*.

Floriane parle de la farine dans la célébration des noces juives.

Je parle de la farine dans le pain eucharistique.

Nos deux voix se rejoignent pour dire que la farine est le fruit de la collaboration entre la nature (le blé) et l'homme qui fabrique le pain. Ce pain que Dieu « fait sortir de terre » comme l'exprime la prière juive de bénédiction de la table.

Le récitant dit : « Quand on apporte en présent au Seigneur une offrande, le présent doit consister en farine sur laquelle on verse de l'huile et on met de l'encens ; on l'amène aux prêtres, fils d'Aaron, et on en prend une pleine poignée – de la farine, de l'huile, avec tout l'encens – puis le prêtre fait fumer à l'autel ce mémorial. C'est un mets consumé, un parfum apaisant pour le Seigneur[8]. »

La récitante dit : « La parole du Seigneur fut adressée à Élie : "Lève-toi et va à Sarepta [...]. J'ai ordonné là-bas à une femme, à une veuve, de te ravitailler." Élie arrive à l'entrée de la ville et voit la femme qui ramassait du bois. Il l'appelle et dit : "Va me chercher, je t'en prie, un morceau de pain dans ta main !" Elle répond : "Par la vie du Seigneur, ton Dieu ! Je n'ai rien de prêt, j'ai tout juste une poignée de farine dans la cruche et un petit peu d'huile dans la jarre ; quand j'aurai ramassé quelques morceaux de bois, je rentrerai et je préparerai ces aliments pour moi et pour mon fils ; nous les mangerons et puis nous mourrons." Élie lui dit : "Ne crains pas ! Rentre et fais ce que tu as dit ; seulement, avec ce que tu as, fais-moi d'abord une petite galette et tu me l'apporteras ; tu en feras ensuite pour toi et pour ton fils. Car ainsi parle le Seigneur, le Dieu d'Israël : Cruche de farine ne se videra, jarre d'huile ne désemplira jusqu'au jour où le Seigneur donnera la pluie à la surface du sol[9]." »

La troisième fleuriste s'avance avec la troisième fleur, jaune.

Un couple juif quitte sa place, prend dans un sac quelques bonnes mesures de farine et les verse dans la troisième coupe, celle de l'alliance.

Pour accompagner ce geste et pendant qu'on dresse la table du Jeudi, Floriane interprète en hébreu *Létta Dodi*, un chant lié au Cantique des cantiques. À la fin du chant, je soulève le pain déposé sur la patène et la coupe remplie de vin, et je prononce les paroles de l'offertoire :

« Tu es béni, Dieu de l'univers,
Toi qui nous donnes
Ce pain et ce vin.
Et ce sel.
Et cette eau.
Et cette farine.
Nous te les présentons.
Ils deviendront
Le pain et le vin
et l'eau et le sel

et la farine
du Royaume éternel. »

Et puis celles de la consécration :

« Avant la fête de Pessah,
Sachant que l'heure du grand passage était venue,
Jésus, entouré de ceux qu'il avait aimés,
les aima au-delà de la limite.
Il a pris le pain, *hé hem ani*,
Le pain du *seder*,
Le pain sans levain,
Le pain dont ses ancêtres se sont nourris en Égypte.
Il l'a béni,
Il a rendu grâce,
Il l'a rompu,
Et il l'a donné à ses disciples en disant :
“Prenez et mangez-en tous.
Ceci est mon corps, livré pour vous.”

Puis à la fin du repas, il a pris la coupe,
Une coupe parmi les coupes.
Il a chanté la libération d'Égypte en entonnant le *Hallel*.
Une fois encore, il a rendu grâce
et il a fait circuler cette coupe en disant :
“Prenez et buvez-en tous
car ceci est la coupe de mon sang…” »

Quatrième coupe : *l'huile*.

Au moment où la célébration va se terminer, Floriane me rejoint et nous évoquons ensemble cette huile si présente elle aussi dans la Bible. En particulier l'huile de l'encouragement. Surtout à l'heure de Gethsémani.

Le récitant, seul, s'approche du lutrin et dit gravement : « Jésus sortit et se rendit comme d'habitude au mont des Oliviers et les disciples le suivirent. Arrivé sur place, il leur dit : "Priez pour ne pas tomber au pouvoir de la tentation." Et lui s'éloigna d'eux à peu près à la distance d'un jet de pierre ; s'étant mis à genoux, il priait disant : "Père, si tu veux, écarte de moi cette coupe[10]..." »

La quatrième fleuriste s'avance avec la quatrième fleur, rouge.

Quelques personnes qui ont vécu un deuil récent vont chercher une cruche d'huile et la versent dans la quatrième coupe, celle de la partance. Et puis elles répartissent cette huile dans des coupes plus petites et les font circuler dans l'assemblée.

Floriane explique l'importance de l'huile en terre d'Israël où l'olive est considérée comme un des sept fruits mythiques. Elle parle aussi du rôle de l'onction (« J'ai été régénéré par l'huile fraîche », dit le psaume 92) et invite chacune et chacun à oindre sa voisine ou son voisin, à la manière juive, en lui disant : « Reçois cette onction de tendresse. » L'assemblée, dans un moment de recueillement exceptionnel, va prendre le temps d'accomplir ce geste : une émotion sobre et fraternelle. Il arrive, mais c'est rare, qu'une foule devienne vraiment un peuple et même une communauté. Quand les coupes reviennent et sont déposées sur l'autel, la rabbin et moi-même versons et mélangeons dans un même récipient l'huile, le sel, l'eau et la farine qui ne forment plus qu'une seule offrande.

Floriane s'avance alors vers le micro pour rendre hommage à Jean Ferrat à travers les mots d'Aragon :

J'en ai tant vu qui s'en allèrent
Ils ne demandaient que du feu
Ils se contentaient de si peu
Ils avaient si peu de colère…

Gaëtan de Courrèges s'apprêtait à lancer avec elle le chant de sortie, *Ossé Chalom*, lorsque Mme le rabbin quitte le scénario et me demande, les yeux pétillants de joie, quasi dans un souffle :

– Gabriel, permettez-moi de vous bénir.

Et elle le fait ! Devant une assemblée émue et subjuguée qui se met à applaudir.

Recevoir la bénédiction d'une femme rabbin dans sa propre église le soir du Jeudi saint… je ne suis pas près de l'oublier !

Le parfum de Béthanie

L'Évangile raconte qu'un jour, lors d'un repas auquel Jésus était invité, une femme a surgi avec un vase rempli d'un parfum de grand prix. Pour Luc, la scène se passe chez un Pharisien appelé Simon. Pour Marc et Matthieu, nous sommes à Béthanie chez Simon le lépreux. Jean place aussi l'épisode à Béthanie, mais chez Lazare, l'ami de Jésus. Qui était cette femme ? Marc et

Matthieu disent simplement « une femme ». Luc, « une femme de la ville ». Il parle même, un peu plus loin, d'une « pécheresse ». Jean croit savoir qu'elle s'appelait « Marie ». Le contexte laisse d'ailleurs penser qu'il s'agissait de la sœur de Marthe et de Lazare puisque le quatrième évangéliste écrit : « Marthe servait tandis que Lazare se trouvait parmi les convives. Marie prit alors une livre d'un parfum de nard pur de grand prix ; elle oignit les pieds de Jésus, les essuya avec ses cheveux, et la maison fut remplie de ce parfum[11]. » En tout cas, ce « nard pur » est un grand parfum de type racinaire, très recherché dans l'Orient de ce temps-là. Et on voit que Marie le répand sans compter : une livre. C'est énorme ! 327,45 grammes. Il en coule pour trois cents deniers, ce que gagnait un ouvrier agricole pendant une année. Une pure folie.

J'ai toujours voulu qu'au soir du Jeudi saint, le prieuré revive cette folie-là. Et que la maison soit remplie de parfum. Pour une raison essentielle à mes yeux : ne pas séparer deux gestes clés que l'Évangile présente en continuité, à une semaine d'intervalle : l'onction de Béthanie et le lavement des pieds.

Cette femme exubérante qui surgit en plein repas et caresse les pieds de l'invité de ses cheveux et de ses baisers pose sur Jésus vivant le rite qu'elle n'aura pas l'occasion d'accomplir sur Jésus mort. C'est un geste d'anticipation. D'ailleurs, dans le texte de Marc, au moment où les convives protestent, Jésus réplique : « Laissez-la ; pourquoi lui cherchez-vous misère ? C'est une bonne action qu'elle a accomplie envers moi [...]. Elle a fait ce qu'elle pouvait ; d'avance elle a oint mon corps pour la sépulture. En vérité, je vous le dis, partout où sera prêché l'Évangile dans le monde entier, on racontera ce qu'elle a fait, en mémoire d'elle[12]. » Quelques jours plus tard, lors de la Cène, Jésus va dire à ses disciples : « Faites ceci en mémoire de moi[13]. » N'est-il pas fondamental de rapprocher les deux mémoires et d'accueillir deux impératifs qu'il ne faut surtout pas séparer : « Faites ceci en mémoire d'elle » et « Faites ceci en mémoire de moi » ?

Comme souvent dans nos liturgies prieurales, une chanson va introduire la démarche rituelle. En se représentant la scène de cette femme qui surgit, délie ses cheveux, brise la tête du flacon d'albâtre et de sa main experte étend l'huile parfumée, Les Muses m'ont proposé la chanson de Jean-Jacques Goldman : « Nos mains »

Un simple geste d'humain
Quand se desserrent ainsi nos poings
Quand s'écartent nos phalanges
Sans méfiance, une arme d'échange
Des champs de bataille en jardin

Cette onction de Béthanie, la littérature s'en est emparée. Et je trouve heureux de voir comment des poètes et des romanciers ont réinterprété ce récit que nous revisitons avec eux d'année en année. Deux évocations parmi d'autres.

Marguerite Yourcenar va retenir le dramatique de la situation. Rude et déconcertante relecture que la sienne : « Je me parai pour un bal ; je me parfumai comme pour un lit. Mon entrée dans la salle du banquet arrêta les mâchoires ; les Apôtres se levèrent en tumulte de peur d'être infectés par le frôlement de ma jupe : aux yeux de ces gens de bien, j'étais impure comme si j'avais continuellement saigné. Dieu seul était resté couché sur la banquette de cuir : d'instinct, je reconnus ces pieds usés jusqu'à l'os à force d'avoir marché sur tous les chemins de notre enfer, ces cheveux peuplés d'une vermine d'astres, ces vastes yeux purs comme les seuls morceaux qui lui restaient de son ciel. Il était laid comme la douleur ; il était sale comme le péché. Je tombai à genoux, ravalant mon crachat, incapable d'ajouter un sarcasme à l'horrible poids de cette détresse de Dieu. Je vis tout de suite que je ne pourrais le séduire puisqu'il ne me fuyait pas. Je défis ma chevelure comme pour mieux couvrir la nudité de ma faute ; je vidai devant lui la fiole de mes souvenirs. Je comprenais que ce Dieu hors la loi avait dû se glisser un matin hors des portes de l'aube, laissant derrière lui les personnes de la Trinité étonnées de n'être plus que deux[14]. »

Marion Muller-Colard regarde surtout la grande dépense d'amour de cette femme habitée, dit-elle, par une « impulsion folle » : « Il y a une femme, là, maintenant, sous ses yeux, une femme qui commet un geste d'adoration, une femme accusée d'égoïsme, de gaspillage, une femme qui n'a pas le sens de l'argent. Une femme-enfant qui donnerait de l'or pour dire à cet homme-là quelque chose de sa foi. Je crois que Jésus s'est levé pour répondre à cet amour. Je l'imagine s'essuyer lentement les lèvres de ce repas interrompu, je l'imagine ruisselant de ce parfum de grand prix qui tournait en vase clos et venait enfin de trouver sa valeur dans le geste dépensier de la femme. Je l'imagine debout face à elle protégeant de sa hauteur cette femme inquiétée de reproches, et il dit : "Pourquoi lui faites-vous de la peine[15] ?" »

Au moment de prolonger en musique l'Évangile et sa relecture, notre chœur polyphonique interprète quasi chaque année la chanson de Mannick, « Le parfum d'un je t'aime » dont le refrain dit simplement :

Moi Marie, je suis là
Dans mon coin,
Moi Marie, j'avais pris
Sous ma robe de laine
Le flacon de parfum
D'un « je t'aime » !

Ce « simple geste d'humain »… le rite va le renouveler.

J'explique d'abord à l'assemblée que nous avons besoin qu'un vent fou entre aussi chez nous. Et que cette onction d'anticipation, il est si bon que nous la recevions. Comment allons-nous mourir ? Quel jour et à quelle heure ? Quelques-uns vont peut-être le décider. Quelques autres auront la chance de s'y préparer. Tant mieux. Mais pour beaucoup, le rendez-vous n'est pas prévisible et peut surprendre en plein élan. Raison de plus d'anticiper liturgiquement ce départ en recevant, d'avance, un geste parfumé. Cela veut dire que, quoi qu'il arrive, quelles que soient les circonstances de notre disparition, cette onction rend hommage à qui nous allons devenir.

Avec mon invitée ou mon invité et quelques personnes du prieuré, nous approchons de l'endroit où des coupelles d'huile ont été déposées, ainsi qu'un flacon de parfum. Presque toujours du nard. Il m'arrive d'y associer aussi une fiole de musc.

Je dis alors la prière de bénédiction :

« Ce soir, Seigneur,
en mémoire d'elle
nous te présentons
cette huile et ce parfum.
Bénis-les.
Envoie sur eux ton Esprit.
Qu'ils deviennent pour nous
l'huile et le parfum
d'un brûlant “je t'aime”. »

Les quatre ou cinq « onctionneurs », dont l'invité, rejoignent l'assemblée. Ceux qui le souhaitent s'avancent vers l'un d'entre eux, et présentent qui sa main, qui son front. Celle ou celui qui pose le geste d'onction le fait lentement en disant : « Reçois le parfum d'un “je t'aime” », ou encore, au fil des années, « reçois la douceur, la brûlure, le silence... ».

Je peux témoigner que toute l'assemblée défile et que l'émotion est grande chez celui qui donne l'onction comme chez celui qui la reçoit. Plus personne aujourd'hui, chez ceux qui fréquentent ce prieuré, n'imagine le Jeudi saint sans l'onction de Béthanie. Souvent l'invité me confie son bouleversement : il ne s'attendait pas à être entraîné « jusque-là » et à vivre un tel retournement intérieur. Je songe à Jean-Philippe de Tonnac qui a raconté comment il a vécu le rite :

« Je prends la coupelle que me tend Gabriel. Elle contient un coton imbibé d'huile sainte dans lequel mon pouce reviendra à chaque "signature". Et je me rends vers le milieu de la nef. Je vois tous ces gens qui me regardent. Il y a une hésitation. J'ai fait ces quelques pas vers eux mais eux doivent se lever, venir vers moi, accepter de recevoir. Je me demande un instant s'ils ne vont pas rester assis pour me signifier qu'ils préfèrent le prêtre, l'original à la copie...

Mais une petite femme se dresse tout à côté de moi, puis, à sa suite, d'un seul mouvement, les deux travées, comme des blés d'impatience, et tous ces gens viennent se mettre l'un derrière l'autre, sagement, devant moi, comme si quelqu'un les avait rangés – attendant leur tour. Vous imaginez ! La première fois que votre pouce touche la peau, le front, l'être, vous perdez les repères qui vous permettent de dire en général je suis ceci, je suis cela. Je m'appelle comme ça. Je suis né là. Mes parents sont Mme Unetelle et M. Untel. Mais là plus rien. Il y a cette femme, puis cet homme grand, puis cette adolescente, puis ce vieil homme, puis cette femme avec une canne, etc., eux et vous, et rien d'autre, un échange de regards comme un fil tendu dans le vide immense, un fil sur lequel dansent les mots que vous prononcez : "Reçois la brûlure..." Ces regards, vous ne les oublierez plus jamais. La messe avance, Gabriel trace sa route et quand le moment de conclure vient, il vous conduit vers la sortie et vous demande de vous poster là avec lui. Alors les gens sortent de l'église, un à un, ça prend le temps que prend la mer pour se retirer de l'estuaire, et alors chacun s'arrête et vous embrasse. Les larmes avaient commencé à monter dans la nef, mais là, plus moyen de les arrêter. »

Aujourd'hui, je sais de certitude que ce rite est bon, qu'il est juste, qu'une brise parfumée vient encourager les participants, à commencer par les plus souffrants, et que c'est une joie de revivre la « bonne onction » de Marie en ouverture de la Cène.

Le lavement des pieds

On ne peut pas séparer les lavements des pieds ! Quand Jésus se lève de table au moment du dernier repas, verse de l'eau dans un bassin et commence à laver les pieds de ses disciples... peut-il ne pas repenser à cette femme qui lui a lavé les pieds avec ses larmes et son parfum ? C'était il y a quelques jours à peine. Elle n'était pas invitée à ce repas d'hommes, mais qu'importent les regards courroucés. Elle est entrée sans discrétion et sans honte, souveraine. Avec un sens inné de la liturgie – et Dieu sait qu'elle en a célébré, des offices parfumés ! – elle s'est jetée à ses pieds en grande maîtresse de cérémonie, bien décidée à présider un rite qui va le bouleverser. Femme écarlate, la chevelure en feu, elle porte en elle toute la sauvagerie des eaux du Jourdain. D'où vient que, soudain, l'abondance devienne disette, comme si en lui parfumant les pieds de ses lèvres et de ses cheveux, son parfum l'entraînait dans un monastère au désert ? Il se souvient qu'à ce moment-là, elle et lui se sont retrouvés sur la plage d'un repas incertain, rescapés d'un naufrage dont ils étaient les seuls survivants…

Et il va refaire son geste à elle…

Un geste insolite et déplacé. Jamais un maître ne lavait les pieds de ses disciples. Le plus souvent, cette tâche incombait à l'esclave étranger. Parfois à la fille aînée par amour pour son père. Mais pas pendant un repas ! Et lui, en complet décalage, réunit les deux : le service et la tendresse. Il ne s'abaisse pas par vertu mais par besoin de leur répéter ce qu'il leur avait dit si souvent : que la grandeur est à ras du sol, qu'être « par terre » c'est être « par ciel », et que Dieu se plaît à cette hauteur-là.

Reprenant place à table, il leur demande : « Comprenez-vous ce que je vous ai fait ? […] Je ne vous appelle plus serviteurs, je vous appelle amis. Et si moi le Seigneur et le Maître, je vous ai lavé les pieds, vous aussi, vous devez vous laver les pieds les uns aux autres[16]. » Il ne voulait pas séparer. Pour lui, il n'y avait pas les maîtres et les domestiques. Nous sommes tous des seigneurs en tenue de service.

Laver les pieds, c'est déchiffrer le parchemin de la peau et en interpréter les signes.

Laver les pieds, c'est prendre soin.

Laver les pieds, c'est redresser, élargir, faire grandir.

Laver les pieds, c'est consoler.

Laver les pieds, c'est précéder, c'est anticiper.

Laver les pieds, c'est être tout entier à sa tâche.

Comme elle.

Comment exprimer cela aujourd'hui ? Comment célébrer la liturgie des pieds en étant fidèle à l'esprit des origines sans tomber dans le ridicule de la lettre ? J'ai vu un jour un curé très soucieux d'actualiser le rite. Il avait placé douze hommes dans le chœur de son église. Et au moment de l'Évangile, il s'est mis à leur cirer les chaussures. Dans certains coins du monde où les petits cireurs tirent le diable par la queue, pourquoi pas. Mais dans une petite ville bourgeoise d'Europe occidentale... Par contre, et de manière tellement significative, Jean Vanier a été un des premiers, il y a cinquante ans, à remettre ce rite en honneur dans les communautés de l'Arche. Et quand le pape François lave les pieds de détenus en prison, on comprend que son geste frappe les imaginations, bien au-delà des seuls milieux chrétiens.

Chaque année, avec notre invité, nous tentons de réinventer le rite.

Je pense à Jean Debruynne. Je l'avais rejoint, à Paris, pour préparer la célébration. À un moment, il me dit : « Qu'est-ce qui est fatigué aujourd'hui ? Pas les pieds, non, mais les yeux. Nous sommes collés du matin au soir à l'ordinateur et à ses multiples prolongements. Ce sont les yeux qui ont besoin d'être rafraîchis. » Et nous avons célébré le lavement des yeux. Au figuré, mais au propre aussi puisque après une homélie remarquable où Jean rapprochait les yeux et les pieds, nous avons fait circuler des linges et des coupelles d'eau, pour que chacun lave et essuie les yeux de son voisin. Je ne m'attendais pas à la gravité que l'assemblée allait placer dans la démarche et au recueillement qui accompagnerait le rite.

Avec le photographe Bruno Rotival, nous avons été attentifs à une autre fatigue pas tellement éloignée : celle des oreilles ! Depuis près de quarante ans, ce grand contemplant photographie l'intimité monastique. Il a fréquenté plus de quatre-vingts monastères et abbayes à travers le monde, du cloître à la cellule et du réfectoire aux stalles de l'église. Une vraie photographie du silence. Mais comment parler de ce silence sans le rompre ? se demande Bruno. Comment l'évoquer « sans effraction et sans bris de clôture » ? Nous avons imaginé le rite du lavement du bruit… en pensant qu'aujourd'hui il fallait aussi laver les oreilles et accueillir ce silence contemplatif que l'artiste ne cesse de photographier.

Au-dessus du chœur, un grand poster était suspendu, noir et blanc, représentant un vieux moine légèrement courbé sur son livre. Un faisceau lumineux en provenance d'une toute petite fenêtre jette un peu de clarté sur le texte, et sur le sol. Mais peut-être la lumière venait-elle du livre… ?

Bruno a d'abord commenté l'image pendant quelques minutes. « La pénombre agrandit le silence », a-t-il dit, mais « il n'est pas simple de reconnaître le silence lumineux. Très peu de chose le différencie de la taciturnité. Ce silence est un murmure presque imperceptible ; il n'est pas facile de l'entendre, il l'est encore moins de l'écouter et de s'en imprégner. […] Dans ce silence, il n'y a plus de mots, plus de sons, plus de concerto, plus de bruissements d'ailes de libellules ou de jacassements d'oiseaux : on est seul face à un vide qui paraît insoutenable. C'est dans ce silence que l'on va, peut-être, rencontrer Dieu, se rencontrer. »

Ce poster, les participants en avaient reçu une très belle reproduction dans leur livret de célébration. « Je vous invite à le prendre en mains, a dit notre invité. En la contemplant, vous allez devenir coauteurs de cette image, vous allez y faire entrer votre propre émotion, vous allez la recréer. »

Puisque la pénombre agrandit le silence… nous n'avons laissé qu'une timide lumière dans l'église pendant que le violoncelle élargissait l'espace, lui aussi. Et puis Les Muses ont entonné la chanson de Fred Pellerin, « Silence », où le conteur québécois confie tout en délicatesse :

J'm'en vas t'amener où c'est silence
Pour entendre juste la murmurance de ta voix
Une fois
J'm'en vas t'amener où il fait noir
Juste pour voir la petite brillance dedans tes yeux
Un feu
J'm'en vas t'amener dans un désert…
J'm'en vas t'amener devant la mort…
J'm'en vas t'amener où c'est silence.

Une autre fois, nous recevions des infirmières de rue qui ont choisi d'accompagner les sans domicile fixe. En préparant la célébration, elles nous disent qu'elles sont surtout très attentives à leurs pieds car c'est souvent là qu'ils souffrent le plus. Nous devons laver, désinfecter, panser, adoucir, embaumer… nous disent-elles, et beaucoup se méfient. Parfois, ils protestent : « Je ne suis pas sale ! » « Je sais me laver tout seul ! » Se laisser laver les pieds – qu'on pense à Pierre dans l'Évangile ! – c'est se laisser approcher, se laisser toucher, se laisser aimer. Et cela ne va pas de soi, surtout dans la rue. « Pourtant, nous évitons l'assistanat, insistent les infirmières. Leur laver les pieds, c'est aussi une manière de les encourager à se remettre debout pour qu'ils retrouvent un rien d'autonomie et acceptent de marcher jusqu'à la maison médicale la plus proche. Mais c'est aussi leur dire : "Je vous appelle amis." »

Nos invitées ont alors distribué des sparadraps à toute l'assemblée, en demandant à chacune, à chacun, de mettre ce sparadrap sur son poignet et de le contempler pendant un moment de méditation, en communion avec celles et ceux qui, dans la rue, en ont besoin pour arrêter une coupure, et surtout une coupure de l'âme. La démarche peut prêter à sourire et paraître assez insolite un soir de Jeudi saint. Mais avec le recul et à y regarder de plus près, n'est-on pas là devant une authentique réinterprétation du geste originel ? À la sortie de l'office, en tout cas, beaucoup de participants ont dit combien ce rite si sobre les avait interrogés au plus profond.

Comment oublier la venue au prieuré de Magda Hollander-Lafon, une des dernières survivantes d'Auschwitz-Birkenau ? Dans son livre-témoignage,

Quatre petits bouts de pain, elle raconte notamment l'histoire du bon gardien. En deux mots, ses godasses ont été volées. On lui a laissé, en échange, « une paire de godillots trop larges, qui respirent le froid à pleins trous ». Et c'est terrible quand chaque matin il faut partir au travail au pas de course, encadré par des gardiens qui frappent si on ne suit pas le rythme. Alors Magda parle à ses pieds et les supplie de ne pas la lâcher.

Un « vilain visage à grosse voix » qui a tout vu l'arrache au groupe et lui ordonne de le suivre. Elle est convaincue que c'est la fin… Mais l'homme l'amène près d'un feu de bois, à l'abri des regards. « Avec des éclats de voix méchants, mais qu'un regard de bonté dément, il gesticule ostensiblement, et frictionne mes pieds avec des journaux. Il sort de son sac une paire de galoches dont il me chausse. Avec ce geste gratuit, il me rend la vie, et risque en même temps la sienne. Mon bon gardien est devenu, durant quatre mois, l'ami caché, attentif, compatissant. […] À son départ, j'ai pu de nouveau pleurer et espérer encore en la bonté des hommes[17]. »

Comme nous réfléchissions à la manière de concevoir le rite, Magda me dit : « Le lavement des pieds est très proche du réchauffement des pieds par la bonté de ce gardien qui m'a remise debout. » Et elle ajoute : « À Auschwitz, un lacet avait une importance capitale. » Et du coup, très vite, nous imaginons le rite du dénouement/renouement.

Chacun dans l'assemblée reçoit un lacet. Il peut être neuf comme il peut être usé.

Quand on devient prisonnier, on vous retire vos lacets : pour éviter le suicide, sans doute, mais pour empêcher de courir aussi. Or à Auschwitz, il fallait courir, sous peine de mort parfois.

À ce lacet, deux phrases sont accrochées : une de Magda et une de l'Évangile, revisité par Jean Debruynne.

Nos pieds ont le poids d'une vie.

Pour Jésus, la vraie grandeur, c'est de laver les pieds.

Nos corps marchent en dehors de nous, et des milliers de pieds s'efforcent d'avancer contre toute raison.

Ce sont les pieds que Jésus lave et non pas les âmes.

Nous nous demandons à chaque lever du jour si nos pieds meurtris traverseront encore le lendemain.

Jésus lave les pieds. Dieu se met aux pieds de l'homme parce que les pieds sont encore ce qu'il y a de plus humble chez l'homme.

Je regarde avec envie les pieds de ceux qui sont encore chaussés.

Pour Jésus, le corps comme le cœur est fait pour aimer et les pieds font partie du corps.

Le bon gardien frictionne mes pieds avec des journaux.

Jésus lave les pieds parce que c'est sur ses pieds que l'homme se met debout.

Dans les camps, je parlais à mes pieds. Je leur demandais de ne pas me lâcher.

Jésus lave les pieds, c'est sa manière de dire : « Lève-toi et marche… »

Sur fond musical, chacun est invité à se laisser pénétrer par ces petites phrases puis à se nouer le lacet autour du poignet en se demandant comment, après la liturgie, dans la vie ordinaire, il allait dénouer la situation de quelqu'un qui n'arrive plus à marcher, dénouer puis renouer, relacer, redresser, encourager... par sa bonté !

Une bonté et une douceur que la comédienne Brigitte Fossey invite à célébrer à travers le souffle du lavement des pieds. Un souffle qui l'a touchée très tôt. En préparant la démarche, elle me confie que, toute petite déjà, lorsqu'elle allait à la messe, elle trouvait l'Évangile extraordinaire. Celui de saint Jean en particulier. « Quand j'entendais : “Au commencement était le Verbe, et le Verbe était à côté de Dieu, et le Verbe était Dieu[18]”... je sentais dans ces mots quelque chose d'important. J'étais toute petite. Je ne comprenais pas tout. À plusieurs reprises, j'ai demandé des explications. Et mon père, qui aimait la théologie, prenait plaisir à me répondre. Il m'a communiqué un véritable amour des mystères. »

En revoyant *Jeux interdits*, projeté juste avant la célébration (en présence de Brigitte, soixante-sept ans après !), on devine que la jeune actrice de cinq ans qui a su interpréter le rôle de Paulette avec un naturel à couper le souffle était très capable d'interroger son père à propos du prologue de saint Jean. D'autant plus que dans le film, quand elle dialogue avec le petit Michel autour de la mort, ses questions et ses répliques laissent sans voix.

Le Jeudi saint de Brigitte Fossey sera un jeudi presque « sans voix », tout en douceur et en délicatesse, jusque dans son commentaire de l'Évangile du lavement des pieds. Une véritable homélie où elle va mettre en relation le texte de Jean et celui du souffle ténu au Premier

Livre des Rois. Brigitte tient beaucoup à ce passage biblique où le Seigneur n'est ni dans le vent violent, ni dans le tremblement de terre, ni dans le feu… mais dans « le bruissement d'un souffle ténu[19] ».

« Quand j'étais enfant, confie la mère de Victoire dans *La Boum*, et que j'allais à l'école, je me remontais les cheveux, je faisais une queue-de-cheval et il y avait un petit zéphyr qui passait dans mes cheveux comme ça, il y avait de la lumière, j'avais déjà fait ma première communion, je connaissais déjà toutes les histoires magnifiques que racontait le Christ, j'avais chanté les psaumes, "Le Seigneur est mon berger", etc. Eh bien, ce petit zéphyr, j'y repense tous les jours, j'ai cru sentir la légèreté d'un zéphyr. Je pense que c'est ça, la valeur essentielle de la vie, c'est de pouvoir être dans un certain état qui permet de sentir le petit murmure des âmes. De pouvoir, à un moment donné, se dire : "Je ne suis rien du tout, mais quelquefois je peux entendre un petit zéphyr[20]." »

Nous avons donc choisi de célébrer le rite du petit zéphyr… en imaginant que Jésus, en lavant les pieds de ses disciples, les caressait du souffle de sa main. « Ce murmure du lavement des pieds, nous pouvons encore l'entendre aujourd'hui, confie Brigitte à l'assemblée. Je vous invite à fermer les yeux et à écouter. On s'écoute si peu ! Entendez-vous ? Entendez-vous ce petit zéphyr de tendresse ? Ce souffle ténu, en quittant cette église, il vous appartient de le prolonger… »

Ce souffle de rien, l'essayiste et romancier Jean-Philippe de Tonnac va aussi réussir à en caresser la liturgie à travers une relecture étonnante du lavement des pieds.

Dans son roman *Azyme*, il évoque ce passage où Jésus dit à ses disciples : « Un homme portant une cruche d'eau viendra à votre rencontre. Suivez-le. Et là où il entrera, vous direz au propriétaire : “Le maître te fait dire : Où est la salle où je vais manger la Pâque avec mes disciples ?” Et cet homme vous montrera la pièce du haut[21]. »

Jean-Philippe a retrouvé la femme du porteur d'eau… et va imaginer que c'est elle, Ahava, qui pétrit pour Jésus le pain azyme de son dernier repas. Et elle va le lui apporter dans la chambre haute. Mais Jésus lui demande aussi une coupe d'eau et un linge, ce qui nous vaut un des plus beaux passages du roman quand il revisite à sa manière le lavement des pieds.

L'auteur donne un bref moment la parole à Ahava :

« Il fait le tour de la petite salle sans oublier personne et revient à l'endroit où je me tiens. J'ai imaginé un court instant qu'il pourrait se baisser aussi devant moi, mais pour rire. Je sais très bien qu'il n'en fera rien. Le maître peut laver les pieds du serviteur, le rabbi ceux de son disciple, l'homme ne s'abaissera jamais devant une femme. Je sais très bien que cela n'arrivera pas et je l'interroge du regard pour savoir si je dois me retirer. […]

Quand je fais le geste de reprendre la coupe, il se baisse, mais sans me perdre des yeux, comme pour dire : “Tu vois, je vais le faire”, et il le fait. Il descend, s'agenouille, pose la coupe au sol, trempe le linge, je l'ai vu faire douze fois le geste, et commence à me laver les pieds ! J'en éprouve une sensation intense, violente, merveilleuse, si ce n'étaient les visages de réprobation, plus que cela, tournés contre moi.

Le rabbi a franchi une limite, encore une, certaines ébranlent et réjouissent, d'autres scandalisent. Cette fois, le spectacle de cet homme agenouillé devant moi n'appelle aucune adhésion. Il le sait. Alors il s'applique, on dirait qu'il le fait exprès, de les heurter, de les scandaliser, on ne lave pas les pieds d'une femme, et de repasser le linge, de s'attarder, je voudrais que cette main ne me quitte pas. Là où il est parvenu, ce lieu, il n'existe pas encore de nom pour le nommer. Intérieurement je remercie, même si j'ai l'air horriblement gênée, je dis : "Je te remercie rabbi", plusieurs fois, en silence.

Enfin, il se lève. Nous sommes face à face. En tendant vers moi la coupe et le linge, je l'entends lui aussi dire merci. Merci encore, mais merci de quoi ? Je prends ce qu'il me donne et je dégringole vers la cour, vers la terre, la nuit[22]. »

À partir de là, comment concevoir le rite ?

Le roman raconte que le pain de la Pâque est sans levain parce qu'il est un pain de l'urgence. L'urgence de quitter l'Égypte de l'esclavage et de se mettre en marche à travers le désert. Si l'azyme n'a pas la saveur du temps que prend le pain levé, il a le goût de la liberté. Et c'est ce goût-là qu'on retrouve en célébrant le repas pascal, le *seder* qu'évoquent les Évangiles synoptiques, quand l'agneau est consommé avec du pain azyme et des herbes amères pour rappeler la vie en captivité. Du coup, nous avons pensé que le rite du lavement des pieds deviendrait très naturellement le rite des herbes amères.

En arrivant à l'église, chaque participant a reçu, avec son livret de célébration, un petit sachet qui contient sept herbes amères différentes. Les herbes citées dans la Bible et qu'un excellent herboriste nous a préparées. Les herbes de la captivité.

En ce moment encore, beaucoup de frères, beaucoup de sœurs sont en captivité. Parfois, ils tentent de fuir l'esclavage de toutes les Égypte d'aujourd'hui et de prendre la route. Comment accueillons-nous ces migrants ? Nous arrive-t-il de nous agenouiller à leurs pieds ?

Pendant que Les Muses interprétaient un chant de sortie d'Égypte, j'ai invité les participants à ouvrir leur sachet et à déposer sur leur langue quelques herbes amères (elles sont comestibles). En les laissant fondre, lentement. Et en se posant cette question toute simple : Jésus s'est agenouillé devant ses disciples, il s'est même agenouillé devant Ahava… Et nous, devant qui allons-nous nous agenouiller dans les semaines qui viennent ? Qui allons-nous faire sortir d'esclavage ? Qui allons-nous remettre en mouvement ? À qui allons-nous symboliquement laver les pieds ? Je peux dire avec simplicité que le rite des herbes amères a profondément marqué l'assemblée.

Le pain de la chambre haute

La grande leçon du Jeudi, c'est qu'il ne faut pas séparer le lavement des pieds et le partage du pain. Parce que partager le pain, c'est remettre debout. Laver les pieds et rompre le pain sont une même élévation. Il ne peut donc pas y avoir rupture entre les deux gestes. Et je ne veux pas non plus que l'invité soit tenu à l'écart à ce moment-là. Comment l'y associer en vérité et en toute clarté ?

Mon prieuré a beaucoup réfléchi à l'« élargissement » du moment eucharistique : garder l'action de grâce habituelle mais l'inscrire dans une mémoire plus vaste qui raconte nos sorties d'Égypte d'hier et d'aujourd'hui. Et permettre à l'invité de prendre place dans cette mémoire-là.

Un jour, je recevais un vieux monsieur de quatre-vingt-onze ans, devenu aveugle : Arthur Haulot. Ce grand résistant, membre fondateur du Parti socialiste clandestin en 1940, sera arrêté par la Gestapo en 1941 et passera trois ans et demi à Mauthausen et à Dachau.

Connu dans toute la Belgique pour ses nombreux engagements citoyens, Arthur Haulot l'était aussi pour ses saintes colères qui faisaient régulièrement le tour du pays. J'en ai d'ailleurs vécu quelques-unes avec lui au moment de l'affaire Dutroux, autour des parents de Julie et Mélissa. Mais ce grand chantre de la liberté était aussi poète. En le lisant et en conversant avec lui, j'avais été touché par son interprétation « agnostique » de l'agenouillement et du partage du pain. Je l'ai donc invité à célébrer le Jeudi saint au prieuré. Et il m'a donné son accord en se réjouissant d'être associé d'aussi près à une célébration qu'il allait vivre pour la première fois. Au cours de la préparation, il m'a proposé de mettre l'accent sur l'amitié. Après d'heureux échanges, nous sommes arrivés à construire la trilogie de la façon suivante. Premier geste, l'amitié d'une femme : encourager ; deuxième geste, l'amitié d'un homme : s'agenouiller ; troisième geste, l'amitié d'un Dieu : partager. L'onction de Béthanie, le lavement des pieds et le pain de la chambre haute revisités par un grand militant socialiste !

Au moment de la consécration, son épouse, Moussia, l'a pris par le bras et l'a amené à l'autel. Le voilà debout à mes côtés. Nous écoutons d'abord un poème de Béatrice Libert, « Festin de silence » :

Sur la table
le pain le beurre l'eau
et le vin
le poisson
les pommes de terre
cuites sous la cendre
des secrets
les paroles bues
les mots avalés
Nous avons toujours faim
Nous avons toujours soif

Nos gestes ne combleront jamais
l'abîme de nos voix[23]

Arthur n'a pas vu le pain, le beurre, l'eau, le vin… déposés sur la table, mais je lui ai demandé d'en parler quand même. Avec l'abîme de sa voix, il a raconté le pain à Mauthausen, à Dachau. Ce pain caché parfois, ce pain volé, ce pain échangé, ce pain arraché, ce pain partagé… Ce pain que je prends, que je regarde, que je bénis, que je romps et que je soulève…

À la fin de la célébration, Arthur Haulot me parlera du bonheur de ce pain, de la communion divine avec une musique, de la consolation d'une épaule un jour de malheur et du miracle qui lui a permis, jusqu'au creux des geôles et des camps de concentration, d'être attentif à l'éclat de la lumière sur la vitre du cachot, à un souffle du vent dans la Lagerstrasse de Mauthausen, à la pureté du givre sur les barbelés de Dachau…

Quelques années plus tard, Magda Hollander-Lafon se trouve aussi à la table du Jeudi. Avec le même pain, mais d'un autre camp. Et elle raconte :

« À Birkenau, une mourante m'a fait signe : ouvrant sa main qui contenait quatre petits bouts de pain moisi, d'une voix à peine audible, elle m'a dit : "Prends. Tu es jeune, tu dois vivre pour témoigner de ce qui se passe ici. Tu dois le dire pour que cela n'arrive plus jamais dans le monde." J'ai pris ces quatre petits bouts de pain, je les ai mangés devant elle. J'ai lu dans son regard à la fois la bonté et l'abandon. J'étais très jeune, je me suis sentie dépassée par ce geste et par la charge qu'il sous-tendait[24]. »

Je sais que ce passage a bouleversé les lecteurs qui l'ont découvert dans *Quatre petits bouts de pain*. Mais c'est autre chose encore de les consacrer à côté de Magda après les avoir déposés sur ma patène. Car je me rappelle très bien que ce récit, je me le suis réapproprié, je l'ai « transsubstantié » si j'ose dire, et j'ai prononcé sur ces quatre petits bouts, comme la mourante : « Prends ! Prenez ! Et mangez ! » Et quand j'ai ajouté, juste après : « Ceci est mon corps livré pour vous... », comment ne pas penser que la mourante aussi avait dit la messe ?

Ce vécu de célébrant est plus qu'un vécu de célébrant. C'est toute une assemblée qui célèbre à ce moment-là. Une assemblée qui sait de certitude que la mourante de Birkenau, en partageant son pain moisi, a traversé la mort pour rejoindre la vie éternelle.

L'émotion était tout aussi palpable quand le roman de Jean-Philippe de Tonnac, *Azyme*, s'est invité à la consécration.

Je commence :

« Avant la fête de la Pâque, la dernière nuit de sa vie, Jésus réunit pour un dernier repas celles et ceux qui avaient été les proches témoins de son Évangile. »

La récitante enchaîne avec les paroles d'Ahava, l'héroïne du roman :

« Le rabbi fait circuler les morceaux de la matsa qu'il vient de briser [...]. L'azyme circule parmi ceux qui vont manger ensemble la Pâque pour la dernière fois. Il les a rassemblés pour leur dire adieu. L'azyme voyage, chacun prend le morceau qui lui revient et le rabbi dit, avec une voix qui est soudain voilée, quelque chose que je ne saisis pas. Il dit... »

Et je dis alors :

« Prenez et mangez, ceci est mon corps. »

La récitante reprend le récit :

« Je me lève d'un bond et reviens me coller contre le pied de l'escalier, la rambarde, je fais silence. La main tremblante, j'imagine ces hommes tenant en lieu et place de l'azyme le corps du rabbi et se demandant s'ils vont pouvoir le mettre en bouche puis l'avaler. Je me rends compte tout d'un coup que c'est moi qui ai pétri ces pains, que les pains que j'ai pétris étaient son corps [...]. Le pain est le corps de celui qui va être livré[25]. »

Quand Jean-Philippe de Tonnac écrit que « L'azyme voyage », je l'ai vu, je l'ai vécu. Il ne fait pas qu'écrire, il met la main à la pâte. Il a passé son CAP de boulanger et il m'a proposé de préparer lui-même les pains azymes de notre Jeudi. Il y avait donc, sur l'autel, de magnifiques galettes rondes qu'il avait confectionnées la veille, un pain azyme que j'ai consacré et qui va voyager dans l'assemblée. Juste avant la communion, Jean-Philippe expliquera aux participants que les juifs, quand ils célèbrent le *seder*, disent que ces morceaux brisés de l'azyme représentent toutes les composantes d'un peuple uni dans une foi qui traverse les différences. Je regarde encore voyager ce pain pendant que Les Muses interprètent un magnifique extrait de la comédie musicale de Mary Poppins : « Nourrir les p'tits oiseaux ».

Il y a deux manières, me semble-t-il, de clôturer la célébration du Jeudi.

Une liturgie finale joyeuse et enlevée. Pourquoi pas ? C'est la fête de l'Eucharistie. Mais on peut aussi, ce qui me paraît plus proche du fil évangélique, terminer à voix basse. Parce que l'horizon, c'est le jardin, c'est Gethsémani, la trahison, l'arrestation, le silence. Le prieuré va plutôt dans ce sens. Pendant que l'église est plongée dans la pénombre, un poème s'avance sur la pointe des pieds…

Bruno Rotival, photographe de silence, a choisi Gilles Baudry :

Le silence
ne veut pas nous quitter
il est notre seule vêture
notre native nudité
en lui
nous nous appartenons
c'est lui
la vitre fraîchement posée
la fenêtre limpide
étonnée
le regard qui s'attable à l'horizon[26]

Vendredi

Pendant dix-neuf ans, j'ai collaboré avec un quotidien socialiste et syndicaliste très populaire qui avait voulu s'ouvrir à la religion lors du concile Vatican II : *La Wallonie.* Un événement, en Belgique, de voir ce journal « à sensation » et de réputation plutôt anticléricale ouvrir ses colonnes de façon très œcuménique à un pasteur protestant et à un prêtre catholique.

J'ai déjà raconté dans *Ma part de gravité* mon étonnante entrée dans ce quotidien atypique[27]. Si j'y reviens ici, c'est à cause du Vendredi saint ! Je ne m'y attendais vraiment pas. Me trouver devant des hommes et des femmes très éloignés des églises mais qui avaient grand respect de ce jour-là. Plus étonnant encore : pendant très longtemps, m'a expliqué le rédacteur en chef, la rédaction faisait silence durant quelques secondes le Vendredi saint à quinze heures. « C'est que nos ouvriers socialistes, me disait-il, ont une réelle admiration pour ce Jésus qui a su se solidariser avec les plus démunis. » J'ai d'ailleurs pu expérimenter, tout au long de ma collaboration, que l'Évangile était le bienvenu dans mes chroniques, interviews et autres reportages.

Est-ce pour cela que dans mon prieuré, j'ai toujours eu à cœur de beaucoup travailler à la célébration du Vendredi saint ? Au moment où des confrères me disent que cet office n'intéresse plus beaucoup de monde, je constate chez moi qu'il est aussi fréquenté que le Jeudi. Pour quelle raison ? Je risque une hypothèse. Nos contemporains, parfois très blessés, ont peine ou crainte à nommer la souffrance, par peur de mal la nommer. Ou de la raviver. Comme je comprends ! Et comme il est difficile et risqué d'en parler. Sauf, peut-être, à travers des parcours et des témoignages qui vont revisiter la Passion autrement. Et là encore, la littérature sera de grand secours. Car introduire dans la liturgie le *Chemin de Croix* de Sylvie Germain[28], ou le *Chemin de Croix des femmes* de Marie Rouanet[29] va permettre à la célébration d'empoigner cette souffrance sans dolorisme, en osant nommer ce qui nous brise, dans la retenue et le silence autant que dans le cri.

Je peux en dire autant du pardon. Si on l'entend bien dans toute sa résonance anthropologique et si on veut bien dépasser sa dimension strictement individuelle, il devient alors, comme n'ont cessé de le dire Paul Ricœur et Edgar Morin, une démarche qui donne un avenir au monde.

Pour revivre et relire cette Passion et ce pardon, la célébration accueillera, au fil des ans, des témoins d'horizons aussi différents que la santé, la justice, le cinéma, le théâtre, la littérature et l'actualité, en sachant que ces invités aux appartenances multiples ont carte blanche et qu'ils entendent bien la jouer ! C'était le cas, par exemple, de l'écrivain Armel Job à qui j'avais demandé de réécrire la Passion, très librement, à partir de son expérience romanesque. Il a relevé le défi en partant à la rencontre de la question de Jésus sur la croix : « Mon Dieu, mon Dieu, pourquoi m'as-tu abandonné[30] ? »

Dans l'interprétation que l'auteur nous a proposée, Jésus meurt « incroyant » si j'ose dire, en n'hésitant pas à s'en prendre durement à ce « père » qui ne l'est peut-être pas : « Pourquoi m'as-tu laissé tomber ? » C'est fichu, poursuit Armel Job, il a perdu confiance et meurt désespéré en se rendant compte qu'il s'est planté depuis le début... Mais un peu de lumière va venir, malgré tout, à travers le personnage de Joseph d'Arimathie. Joseph, d'abord profondément découragé à force de ressasser tous ces événements, se dit que dans le fond, qui sait, Dieu a peut-être changé de camp ? C'est ça ! « Il est passé du côté des faibles, dans le rang des massacrés. Celui qui l'appelait "Abba" l'a sans doute ému finalement. Il a fini par le convaincre. Il l'a converti à la douceur. Mais il a été la première victime de cette conversion. En n'intervenant pas dans la mort de son Fils, Dieu a donné raison à Jésus contre le Dieu qu'il avait été si souvent. » Donc, chez Armel Job, c'est le Fils qui convertit le Père à son insu. Jésus ne sait pas, en mourant, qu'il a sauvé « Abba »[31].

Une vraie carte blanche, risquée, bien entendu – mais n'est-ce pas cela la littérature ? – qui, sous son vêtement romanesque, pose une vraie question théologique.

Relire la Passion

Proposer chaque année, comme le suggère la liturgie catholique officielle, un long passage du livre d'Isaïe, un extrait de la lettre aux Hébreux, les quatorze étapes de la Passion selon saint Jean et les dix intentions de la prière universelle… relève d'un exploit qui demande aux paroissiens les plus décidés un entraînement de haute montagne. Et rien ne prouve qu'ils arriveront au sommet dans les délais ! Faut-il alors s'étonner du nombre d'abandons en cours de route ? On comprend qu'aujourd'hui, même chez les pratiquants d'un sport liturgique de haut niveau, le peloton se réduise à une poignée de participants. En proposant de raccourcir l'épreuve, je ne crois pas en réduire la qualité.

La Passion dans mon prieuré, nous la relisons d'abord « selon saint Matthieu, Marc, Luc et Jean » afin de lui donner plus de rythme et d'y introduire tous les personnages. Et nous la découpons en cinq parties relativement courtes. Une récitante ou un récitant conduira la lecture, entouré du célébrant et de quelques intervenants de la communauté. Il est arrivé, exceptionnellement, qu'un comédien endosse tous les rôles à la fois, comme Pietro Pizzuti, acteur et metteur en scène virevoltant, qui se définit – et c'est vrai ! – comme « chrétien poétique ». Chaque personnage était là, en chair et en âme, à travers une lecture tellement brûlante qu'elle mettait du soleil au cœur du tragique. Il est vrai qu'à Bruxelles il se dit qu'on irait écouter Pietro Pizzuti même s'il lisait les horaires du chemin de fer ou récitait le bottin téléphonique…

Cinq moments et cinq interventions de l'invité qui, après chaque passage de la Passion, propose son « regard » sur ce qu'il vient d'entendre. Il ne s'agit pas d'une interprétation exégétique ou théologique mais de la déclinaison d'une expérience personnelle ou professionnelle. Le témoin ira chercher dans son histoire et dans sa pratique des « personnages » qui viendront dialoguer avec ceux de l'Évangile. Et chaque fois, les voix des Muses prolongeront musicalement l'intervention en assurant ainsi la liaison avec la séquence suivante.

Pour entrer dans la dynamique de la démarche, le mieux est de partir à la rencontre de ces témoins, avec le regret de ne pouvoir en évoquer que quelques-uns, car les invités mériteraient tous d'avoir voix au chapitre.

Je connaissais Karima Berger pour avoir lu ses *Éclats d'islam*[32]. « Je suis arabe et française, orientale et occidentale, musulmane et laïque, femme et écrivain », dit-elle dans ce livre de brûlante actualité.

Cette « musulmane du futur » comme l'appelait une journaliste, était-il possible et même pensable de l'inviter au prieuré un Vendredi saint ? La proposition paraissait d'autant plus osée que pour le Coran, ce n'est pas Jésus qui a été crucifié mais, selon plusieurs interprétations, un sosie, une « semblance »... Et pourtant, quand je lui en ai parlé une première fois, sa réaction a été immédiate : « Le monde musulman vit aussi son Vendredi saint. » Et elle a donc accepté de relire la Passion du Christ à la lumière de la Passion que traverse l'islam d'aujourd'hui. Je pense pouvoir dire, sobrement, que l'assemblée était médusée. Car cette musulmane, là, devant nous, relisait le Coran, relisait la Bible, relisait l'Évangile, relisait l'actualité avec une détermination et une force de pénétration à couper le souffle. Et comme en liturgie il est bon que le geste accompagne la parole, nos fleuristes ont déposé le Coran au pied de la croix… Beaucoup me disent, aujourd'hui encore, que l'incroyable de ce moment symbolique, ils ne l'oublieront pas.

À cinq reprises, Karima Berger va donc éclairer le tragique de la Passion évangélique à la lumière de sa parole coranique.

Je ne retiens ici qu'un extrait de sa quatrième méditation qu'elle a intitulée : « L'épreuve ».

« L'Irak, la Syrie, Gaza, la Libye, mon monde est à genoux, désolation, exil, fuite, une apocalypse lente, destruction des plus hauts lieux de l'islam, destruction des plus anciens sites de la chrétienté, destruction de ce qui faisait l'Orient majeur, c'est-à-dire la Deraa, Bagdad, Homs, villes trésors du monde, écrins de la civilisation, architectures, temples, jardins, beautés brûlées enfuies. Cendres sur nos têtes.

Dieu s'est-il de nouveau voilé à nos yeux depuis la dernière grande catastrophe produite en terre chrétienne ? […]

Mais aujourd'hui, le Dieu est oublié et a laissé place non à la religion ni à la spiritualité vraie, mais à l'idéologie. Celle-ci triomphe puisqu'elle ne connaît ni l'islam intime ni l'islam du cœur, le seul qui compte, le seul qui satisfasse la nostalgie de Dieu.

Cette posture spirituelle de l'islam n'a donc rien à voir avec ces kamikazes qui sont, eux, dans la toute-puissance : le paradis, si je veux et quand je veux, et je le veux tout de suite et maintenant ! Qui peut ainsi devancer l'ordre divin ? Si tant est que ce soit bien le paradis qui les attende !

C'est un contresens, une aberration, une perversion absolue. Ce djihad qui est d'abord une lutte en soi, individuelle, visant à gagner un peu de l'attention de Dieu est devenu une nourriture de masse, servie *ad nauseam* par les capteurs pervers d'images, télévisions, vidéos en boucle sur Internet. Ces tueurs n'ont pas lu le Livre qu'ils portent pourtant à bout de bras, analphabètes de leurs Écritures saintes. [...] En revanche, ils ont su admirablement convertir leur idéologie religieuse aux normes et aux formes occidentales. »

Et pour faire face à cette « perversion », la meilleure arme n'est-elle pas encore la poésie ? Karima va prolonger sa « sainte colère » en faisant résonner dans l'église les mots d'une femme syrienne, Etel Adnan, qui dans *L'Apocalypse arabe* appelle Dieu « Mon camarade céleste » :

« Je veux qu'on appelle Dieu “Notre frère” notre “frère”...

Ô camarade céleste issu de la Nuit et de la Lumière ! STOP

Ô camarade céleste reçois tes frères dans ton éternité

Ô camarade céleste écris leurs noms sur leurs membres brûlés

Ô camarade céleste donne de l'eau et du pain aux affamés

Ô camarade céleste brise l'étau du siège et fais entrer les camions
Ô camarade céleste donne de l'essence aux avions favorables
Ô camarade céleste console les veuves en leur parlant de leurs hommes
Ô camarade céleste fais que les mariés ignorent les bruits de la guerre
Ô camarade céleste reforme les combattants à partir de leurs os éparpillés
Ô camarade céleste efface le noir du deuil et plante des rosiers
Ô camarade céleste chante un requiem de gloire pour ceux dont la voix est murée dans les tombes[33]. »

Autre Passion, toute différente, celle que va nous raconter Benoît Lengelé, professeur et chirurgien à l'université de Louvain. Avec des confrères de Lyon et d'Amiens, il a réussi une première mondiale : la greffe du visage d'Isabelle qui avait été complètement défigurée par son chien. Cette jeune femme de trente-huit ans n'était plus que béance entre le front et le menton. Ce qui s'est passé est interpellant, et sur plusieurs plans. Il faut imaginer trois équipes dans trois hôpitaux, des mois de préparation et un terrible suspense pour disposer, au bon moment, du visage d'une donneuse en état de mort cérébrale.

Les équipes qui étaient en veille permanente apprennent qu'une jeune dame vient de mourir et que sa famille accepte le don de son visage. Les médecins découvriront que cette femme s'est suicidée et que ses proches espèrent trouver symboliquement, à travers la générosité de leur don, la force de traverser une mort violente qui les anéantit. Si un nouveau visage aide quelqu'un à revivre, peut-être revivront-ils, eux aussi.

L'équipe chirurgicale arrivée sur place a d'abord réalisé un moule du visage de la défunte. Ensuite, elle a prélevé le greffon et reconstitué le visage à l'identique. La famille était bouleversée par la beauté de la jeune morte. Le greffon a traversé la France sous escorte policière, et après quinze heures d'opération, le nouveau visage d'Isabelle était vivant. On devine la tension des dernières secondes quand chacun retient son souffle et se demande si le sang va circuler normalement…

Je n'évoque pas l'histoire de cette greffe pour m'attarder à la performance scientifique mais parce que le professeur Lengelé, catholique pratiquant, a voulu relire la Passion à la lumière de cette opération risquée, en suivant de près un chemin d'Évangile qui va de la défiguration à la transfiguration. Cela n'avait rien d'artificiel, au contraire. Il a contemplé chaque personnage de la Passion, à commencer par Jésus, mais en regardant aussi, au-delà d'Isabelle, les visages des blessés qui arrivent tous les jours dans son unité. Et il a répété que pour faire face à son travail chirurgical si délicat, il avait besoin de se plonger dans le récit de la Passion, et pas uniquement à la semaine sainte.

Peut-on amener le rire dans la Passion ? Celles et ceux qui en doutaient ont complètement changé de regard quand ils ont entendu celui que j'ose appeler le clown du Vendredi : Denis Bernard.

Clown-poète et clown-rencontreur, selon ses propres mots, c'est dans la rue, à l'hôpital et surtout en maison de repos qu'il rencontre Gethsémani, comme Jésus au mont des Oliviers. Face à des personnes dont le cœur, souvent, est « triste à en mourir », parce qu'elles sont sans abri, ou autistes, ou atteintes de la maladie d'Alzheimer, il s'approche tout en douceur, avec son nez rouge, sa gabardine et son accordéon, et il essaie de se tenir dans l'instant de leur souffrance, au plus près de leur quotidien. Son approche n'est pas « comique ». Il vient vers elles avec sa fragilité, sa sensibilité, son ouverture, et cherche l'« accordage ». « Mon rôle, dit-il, est d'endosser un personnage et ses tourments, sa tristesse, sa colère, son ennui, son désespoir... » Par le jeu, par la poésie, il peut rejoindre quelqu'un de complètement désorienté et tenter de lui offrir un peu de légèreté. Ses interventions sont presque toujours individuelles, de chambre en chambre, auprès de celles et ceux qui ne participent plus à des animations communautaires. « Derrière chaque porte, c'est un nouvel imaginaire qui est prêt à s'épanouir », confie Denis Bernard qui se voit comme « clown page blanche » parce qu'il improvise, s'adapte, accueille chaque personne telle qu'elle est et tente de lui rendre, même infime, un pouvoir d'action et de création. Si la personne visitée prétend qu'un cheval est entré dans sa salle de bains, il le regarde avec elle. Il attend toujours que la personne lui fasse un premier signe. Il peut s'agir d'un mouvement de balancement auquel il va répondre, d'une phrase qu'il va répéter de façon rythmée. « Parfois, dit-il encore, je vois des yeux se rallumer, des mains se décrisper. C'est fou comme des personnes, même très perdues, gardent mémoire du toucher. Elles ne sont plus capables de relier deux bouts de phrase, mais leur peau ne connaît pas d'amnésie. Alors je joue contre leur peau, du bout des doigts, du bout du nez… Ainsi l'autre jour, je me suis agenouillé devant une vieille dame et j'ai plongé le nez dans son cou en lui disant : "Mmm, vous sentez bon !" Elle a éclaté de rire. Et puis elle a pleuré. Elle m'a dit : "Je n'ai pas le droit de rire, mon mari est mort." Je lui ai soufflé quelque chose dans l'oreille. Elle a ri. Elle a pleuré. Je lui ai reparlé dans l'oreille. Elle m'a regardé et elle m'a dit : "Il faut quand même savoir faire l'amour…" Et puis elle s'est perdue dans des mots que je ne comprenais plus. Mais dans un éclair de lumière, très distinctement, elle m'a bien dit cette chose magnifique : il faut quand même savoir faire l'amour… »

Pendant sa relecture de la Passion, et avec le souci de vraiment s'inscrire dans l'esprit du Vendredi saint, Denis Bernard va évoquer, d'étape en étape, des personnages qui l'ont marqué et qu'on dirait sortis tout droit du texte évangélique, comme Joana, Jean-Paul, Odile, Déborah ou encore Manu. Sans oublier de rendre présents ces gens croisés par hasard en pleine ville ou dans un tout petit village qui reçoit de temps en temps sa visite. Car il arrive que le clown du Vendredi se perde aussi par les rues, « dans la normalité », et interpelle les passants, les commerçants, les policiers, les éboueurs… juste pour recréer de l'affinité. Et quand je lui demande pourquoi, lui, metteur en scène et comédien professionnel, s'est fait clown en pays de souffrance, il me répond que le clown a un rapport de vie avec la mort, et qu'il est primordial, pour donner un avenir au monde, d'en accueillir l'extrême fragilité. Tout son « jeu », son « rire », son « mime » est un éloge du ténu, une volonté de garder intacte sa faiblesse comme disait Michaux, et de voyager pour s'appauvrir. Citant le moine-poète japonais Ryôkan qui l'a beaucoup marqué, Denis Bernard encourage à « valoriser les toutes petites choses, étincelles de joie ».

Denis n'est pas croyant. Pas au sens classique en tout cas. Mais la vie spirituelle a beaucoup de sens pour lui. « C'est la première fois, m'a-t-il confié, que je suis amené à plonger dans l'Évangile de cette manière-là. » Et la première fois que, dans mon prieuré, un clown nous pousse aussi loin sur nos chemins d'intériorité.

Revisiter le pardon

Le deuxième grand moment du Vendredi met en lumière le pardon. En jargon liturgique, on parle de « démarche pénitentielle » ou de « célébration de la réconciliation ». J'essaie toujours d'y associer l'invité de très près en lui demandant, s'il le veut, de nous confier son regard sur le pardon. Et il le veut souvent.

Après ce temps de dialogue parfois très intense, une méditation, un poème, un récit… s'efforce d'introduire au mieux à la démarche qui va suivre. Lors du Vendredi de Denis Bernard, c'est l'écrivain Frédéric Boyer, l'auteur du *Dieu qui était mort si jeune*[34], qui a ouvert le chemin : « Jésus dit à la femme : "Tes péchés te sont remis parce que tu as aimé, beaucoup." Remettre, ce n'est pas donner. Remettre, profondément, c'est restituer, c'est rendre. C'est réparer, c'est recommencer, c'est rendre possible de nouveau. C'est expliquer qu'en aimant on retrouve quelque chose de soi qu'on avait perdu, on redevient quelqu'un de neuf. Peut-être pour cette raison ai-je souvent peur d'aimer vraiment. [...] Avec moi, dit Jésus, il n'y aura plus jamais, éternellement jamais, de personnes sacrifiées, de personnes réprouvées. Tout ce que chacun essaiera de donner sera reçu. Tout ce que chacun osera recevoir sera offert. Tout ce que chacun voudra recevoir sera rendu. Tout ce qui devra être effacé le sera. On remet beaucoup quand on remet à celui qui doit beaucoup. Et pour recevoir tout ce qu'on lui remet, celui-là doit donner beaucoup[35]. »

Plusieurs participants m'ont dit comme ils se sentaient rejoints par ce texte, et que jamais ils n'avaient entendu l'invitation à « remettre » de cette manière-là. Raison de plus, je le soulignerai jusqu'au bout, d'oser explorer le très vaste champ littéraire qui offre un si beau blé à la liturgie.

Ce « remettre », nos chanteuses vont le prolonger avec force en interprétant le « Kyrie » de la comédie musicale *Notre-Dame de Paris*. Je comprends qu'on le leur demande et redemande car la puissance de ce chant vient chercher en nous, très au fond, quelque chose qui nous retourne et qui nous met en marche. Et il va s'agir de marcher parce qu'au prieuré les participants qui le souhaitent se lèvent, quittent leur place et se dirigent vers un des célébrants. Ce défilé public et communautaire sera sobre et intérieur, pendant qu'une musique discrète couvre la

« confession » reçue dans la douceur de la pénombre. La personne qui s'engage dans cette démarche sacramentelle a le choix entre trois options : elle peut confier au prêtre ou au pasteur une confidence dans ses mots à elle ; elle peut inscrire son aveu dans une des phrases qui lui sont proposées dans le livret de la célébration ; mais elle peut aussi, simplement, rester quelques secondes en silence. Pendant qu'elle parle ou se tait, le célébrant, en prenant son temps, lui impose les mains.

Des mains de pardon. Des mains que j'élève et qui attendent, comme suspendues, comme si un souffle les gardait en l'air un bref moment, jusqu'à ce que le pénitent ou la pénitente soit devant moi. Je les dépose lentement sur sa tête. Incroyable sensualité de la liturgie. Quel privilège d'étendre ainsi la miséricorde et de toucher de la paume et des doigts le secret d'un pardon. Je voudrais qu'à ce moment-là mes mains soient des lilas ou des mimosas. Si légères. Si printanières. Mais peut-être le sont-elles ? Des pétales de mains.

Pourquoi suis-je tellement marqué comme si c'était chaque fois la première fois ? Au moment d'étendre ainsi les mains du pardon, je sens bien qu'un lien intime me relie à celle ou celui qui se présente. Serait-ce que j'éprouve en moi sa propre blessure ? Comme si, pendant un instant, nous étions à deux dans une même béance. Je touche et je regarde. Un regard d'affection. Un vrai moment de tendresse. Le toucher de la miséricorde passe aussi par les yeux.

Suit alors, dans le même mouvement, un geste auquel nous tenons beaucoup au prieuré. Au moment où je détache mes mains, je prends un objet que j'offre à la personne. C'est un cadeau qui « scelle » en quelque sorte la réconciliation, mais qui l'ouvre en même temps et la prolonge. Un cadeau qui se veut au plus près de ce que nous a fait partager l'invité. C'est d'ailleurs avec lui et au terme, parfois, d'un long cheminement, que nous choisissons l'objet symbolique qui sera offert.

J'ai plaisir à en évoquer ici quelques-uns parmi tant d'autres.

Un jour, nous avons reçu une visiteuse de prison. Elle ne se rendait pas seulement au parloir mais parfois en cellule et même au cachot. Nous avons fouillé les brocantes et les marchés pour nous procurer plus de deux cents clés différentes. Et au moment de la démarche pénitentielle, chacun recevait « sa » clé avec ces mots du célébrant : « Reçois la clé de ta délivrance. »

Le cinéaste Benoît Mariage, qui a été un des tout premiers à faire tourner Benoît Poelvoorde, a célébré avec nous « La brûlure du Vendredi ». Toute son intervention tournait autour du verbe « envisager ». « La porte de l'humain, c'est le visage », dit Bobin. « La porte du cinéma, c'est aussi le visage », ajoute Mariage qui tente de réaliser, dit-il, un cinéma qui passe « du dévisagement à l'envisagement ». « Plus on est réconcilié, ajoute-t-il, et plus on peut envisager. » Du coup, je vais inviter ceux qui défilent à s'envisager en se regardant dans le visage du pardon. Et comme cadeau, chacun recevra une belle photo du célèbre tableau de Magritte, *La Reproduction interdite*, où celui qui se regarde ne se voit que de dos.

Que voyons-nous de l'agonie du monde ? se demandait la liturgie. Nous ne la voyons que de dos. Et Dieu, que voit-il de notre péché ? Il ne le voit que de dos...

Le docteur Corinne van Oost travaille en soins palliatifs. Chaque chapitre de la Passion, elle va le mettre en relation avec un accompagnement particulier qu'elle a vécu dans l'esprit de ce moment du texte. Nous allons donc, au fil du récit, rencontrer cinq histoires de fin de vie avec Marie, Léon, Cyril, Julien et Isabelle... dont Corinne nous dira des choses si intenses.

Pour le cadeau de la démarche pénitentielle, notre invitée, avec les infirmières de son équipe, a préparé de petites fioles d'huile essentielle que l'on appelle, en soins palliatifs, l'huile du passage. J'ai vu beaucoup d'émotion sur le visage de celles et ceux qui recevaient un pardon... essentiel.

Psychologue engagée, elle aussi, en pays de grande fragilité, Agnès Bressolette a choisi de vivre le Vendredi saint autour de la « béatitude » des larmes. Des larmes qu'elle va rendre présentes pendant la Passion en parlant de ses accompagnements et en montrant comment « la qualité d'une écoute réside dans l'espace qu'elle offre au presque rien ».

Dans son livre, *Nés vulnérables*[36], elle plaide pour qu'en fin de vie on retrouve « cette expérience d'être porté », et qu'on tente aussi d'« être attentif à l'infantile toujours à l'œuvre en soi ». Elle évoque à ce propos cet homme privé de langage et qui, dans un état semi-comateux, déposera ses lèvres avec délicatesse sur la main de l'aide-soignante qui vient de lui faire sa toilette.

Au moment de la démarche pénitentielle, chacun, en défilant, va recevoir une perle. Il pourra y voir une larme de Dieu. Et la perle rare du pardon qu'il vient de recevoir.

Benoît Lengelé, avant la fameuse greffe de visage dont j'ai parlé plus haut, et au moment où les porteurs du greffon quittent Lyon pour rejoindre l'hôpital d'Amiens, part de Bruxelles. En arrivant à Amiens et avant de rejoindre la clinique pour cette opération à haut risque, il se rend d'abord devant le portail Saint-Firmin de la cathédrale. Pourquoi ce portail ? Parce qu'une statue y représente saint Jean décapité. Il l'a photographiée et proposera qu'au moment du pardon nous offrions l'image de ce célèbre céphalophore avec la phrase, choisie par lui : « Reçois le visage de l'espérance. »

Je pourrais encore évoquer le magnifique dessin d'un clown vu de dos proposé par Denis Bernard… mais je termine ce défilé des objets par celui de Karima Berger, l'écrivaine franco-algérienne qui nous a tellement interpellés.

J'ai très vite senti que, pour Karima, ce moment du pardon était essentiel et qu'elle voulait s'associer à notre démarche de façon personnelle et engagée. Très émue, elle nous a raconté que quand elle a quitté l'Algérie pour venir en France et, qui plus est, pour épouser un Français, son père ne lui a pas pardonné. Longue, très longue blessure d'exclusion. Jusqu'au jour où, beaucoup plus tard, il n'y a pas longtemps, il lui envoie un poème d'Ibn Arabi, « La religion de l'amour », calligraphié de sa main en arabe et en français. Pour lui demander pardon. Karima ne s'attendait pas à évoquer cet épisode si marquant dans une liturgie, et dans une église ! Ce poème, nous en avons fait un grand poster suspendu au-dessus de l'autel. Chacun pouvait le contempler pendant la démarche pénitentielle. Et chacun allait en recevoir un bel exemplaire sur papier parchemin. Le voici :

Avant ce jour je reniais mon ami
Puisque ma religion n'a aucune approche avec la sienne
Mon cœur est devenu capable de toutes les formes
Une prairie pour les gazelles, un couvent pour les moines
Un temple pour les idoles, une Kaaba pour le pèlerin
Les Tables de la Torah, le livre du Coran
Je professe la religion de l'Amour, et quelque direction
Que prenne sa monture, l'Amour est ma religion et ma foi[37]

Tout à la fin de « son » Vendredi, Karima Berger proposera un « Notre Père » corano-chrétien, qui sera récité en arabe et en français. Des mots tout simples :

« Notre Père / Au nom d'Allah
Qui es aux cieux / Seigneur des Mondes
Que ton nom soit sanctifié / Le tout miséricorde, le miséricordieux
Que ton règne vienne / C'est toi que nous adorons.

Donne-nous notre pain quotidien / Toi dont nous implorons l'aide.

Amen / Amîne. »

Mais ces simples mots-là, quand ils se donnent à deux voix qui n'en font plus qu'une, disent à l'assemblée que l'accueil de la différence a encore un avenir.

Samedi

Qui a dit que la liturgie catholique n'était pas féminine ? Après avoir revisité le Jeudi avec une jeune rabbin et le Vendredi avec une romancière musulmane, joie d'accueillir le Samedi une passionnée de poésie persane qui se dit « attentive à toutes les révélations » : Leili Anvar.

Leili est née à Téhéran où elle a vécu jusqu'à l'âge de quinze ans, d'une mère française et catholique et d'un père iranien qui va marcher de plus en plus vers l'islam spirituel. Un père cinéaste, poète, comédien, traducteur, chef d'entreprise… qui emmènera sa fille très tôt dans des cercles soufis.

Elle est intarissable quand elle parle de son Iran « naturellement poétique » et qui reste vraiment « mon chez-moi ». Là-bas, dit-elle, « même les chauffeurs de taxi récitent de la poésie ». Et si un Iranien est déçu par la rigidité religieuse officielle, il ne va pas abandonner toute pratique spirituelle mais approfondir sa quête intérieure et plonger plus encore au cœur de la poésie mystique. Une poésie d'une vibration intense que Leili approfondira à travers une thèse de doctorat en littérature persane, « juste pour le plaisir », et qu'elle mettra aussi à la disposition d'un plus large public en lui offrant notamment une remarquable traduction du *Cantique des oiseaux*[38], une invitation à Rûmî[39] mais surtout la biographie d'une mystique contemporaine née dans un village reculé du Kurdistan iranien et qui deviendra sa guide spirituelle : Malek Jân Ne'mati qu'on appelle aussi « sainte Janie[40] ».

Frappée de cécité à l'adolescence, cette fille de Hâfi Ne'mat, figure imposante de la tradition spirituelle kurde, décide de mener une vie contemplative et ascétique, mais sans jamais se couper du monde. Au contraire. Son regard acéré et bien documenté sur l'actualité fait d'elle une résistante très avant-gardiste et libre-penseuse qui ose dispenser un enseignement oral d'une grande tolérance, « hors les murs des mosquées », commente sa biographe qui la rapproche de Thérèse d'Avila. « Les parallèles me frappent, observe Leili Anvar. Toutes les deux étaient de santé très fragile, et toutes les deux seront femmes d'action et de contemplation. Thérèse d'Avila n'avait rien d'une prostrée recluse dans sa cellule. Elle s'occupait des plus démunis, fondait des carmels et se montrait très attentive à la situation des femmes que la société, souvent, brimait ou rejetait. C'est exactement Malek Jân. J'ajoute que toutes les deux connaissaient des états d'extase et qu'elles sont reconnues pour la finesse psychologique de leur discernement. Sans compter qu'elles ont, l'une et l'autre, une œuvre poétique bouleversante. »

Leili Anvar m'a donc proposé de faire une petite place à sa « sainte Janie » durant la veillée pascale. Et d'y amener aussi quelques autres poètes soufis, dont Rûmî bien entendu. Des choix d'autant plus heureux que la poésie persane a beaucoup à dire sur les grands symboles qui traversent la Pâque chrétienne, comme le feu, la lumière et l'eau.

Ainsi, au tout début de la célébration, quand on bénit le feu nouveau et le cierge pascal, c'est ce magnifique poème de Malek Jân, « Mourir pour mûrir », qui va accompagner le rite et dont voici quelques strophes :

Ô mon cœur trop indigne
Papillon de mon âme
Deviens rien ! Que sa flamme
Te réduise à néant !
Apprends de l'éphémère
Ce que c'est que d'aimer
Aime, à en mourir !
Aime et deviens néant !
Lentement, doucement
Quand tu auras brûlé
Alors finalement
Tu seras libéré
Mais pour le papillon
Brûler n'est pas s'unir
C'est se perfectionner
Et mourir pour mûrir[41].

Un peu plus tard, c'est Rûmî que la liturgie va inviter pour la célébration de l'eau.

Né en 1207 dans l'actuel Afghanistan, l'inventeur de

la danse des derviches tourneurs composera de célèbres « quatrains » dont les deux que Leili va lire au bord de la cuve baptismale :

Il est bon de franchir
chaque jour une étape
Comme l'eau vive
qui ne stagne pas.
Hier s'est enfui, l'histoire d'hier
Elle aussi est passée
Il convient aujourd'hui de conter
une histoire nouvelle.
L'eau qui coule n'est pas lasse
des poissons
Et le poisson n'est pas las
de cette eau qui coule.
Ni l'âme ni le monde
Ne sont las des amoureux
Ni l'amour n'est las
de l'âme et du monde[42].

Je vais alors m'avancer à mon tour pour bénir cette eau :

« Cette eau vive qui n'est pas lasse des poissons…
Cette eau brûlante qui n'est pas lasse des amoureux…
Seigneur, bénis-la.
Oui, bénis l'eau de notre baptême.
Qu'elle lave nos blessures et nos peines
et qu'elle ravive en nous

l'empreinte de la résurrection
pour les siècles des siècles. »

C'est le moment, dans la liturgie pascale, où l'assemblée est invitée à redire sa foi. Chaque année, au prieuré, nous tentons de revisiter le « Je crois ». Il y a tant de manières de prononcer ces deux mots. Et les poètes peuvent beaucoup y aider, comme, ici, Jean Debruynne et Raymond Fau dont la célébration s'est inspirée, librement :

Je crois que la Foi se tient allumée
comme un fanal têtu dans tous les vents.
Je crois que la Foi brûle,
parole lumineuse et fragile,
Sur tous nos chemins d'ombre.
Je crois que la Foi est jetée
dans le pétrin des religions,
comme un levain en plein travail,
fourmillant, remuant, grouillant.
Je crois que la Foi est pudique,
sédentaire et nomade,
graine d'incertitude
au cœur de notre quotidien.
Je crois que la Foi joue à cache-cache,
espiègle et joyeuse,
comme dans les jeux d'enfants.
Je crois que la Foi tient table ouverte
là où chantent la musique et
le rire de Dieu.

Et la résurrection ?

La veillée du Samedi n'est-elle pas, surtout, la proclamation de « Christ est ressuscité », entourée d'une gerbe d'alléluias qui éclatent dans le ciel pascal comme un feu d'artifice au Nouvel An ? Oui, sans doute. Et quand ils éclatent, je veux bien les encourager à s'éclater ! Mais à condition de ne pas oublier les origines. C'est qu'ils étaient tout petits, les alléluias du départ. Peut-être même un peu prématurés. Combien de temps sont-ils restés en couveuse dans les ecclésioles des premières communautés ? Alors je propose que la célébration pascale sache jouer sur plusieurs registres en respectant différentes tonalités. Et qu'elle chante joyeusement, tout en gardant mémoire de la sobriété des origines.

C'est exactement ce que va proposer Leili Anvar en nous offrant son regard sur la résurrection. À commencer par un déplacement des textes. Au lieu de l'Évangile des femmes au tombeau, elle me demande si elle peut choisir le récit des disciples d'Emmaüs que la liturgie catholique place d'habitude au soir de Pâques. Oui, bien sûr. Et son choix avait d'autant plus de sens que j'avais intitulé la célébration « La brûlure du Samedi ». Et comme il arrive que l'amour brûle à table, Leili s'est avancée vers le lutrin et elle a lu en Luc, chapitre 24 : « Et voici que, ce même jour, deux d'entre eux se rendaient à un village du nom d'Emmaüs, à deux heures de marche de Jérusalem… »

Leili a refermé le livre, puis elle a dit :

« D'où vient que je ne me lasse jamais de lire et de relire les Évangiles, canoniques ou apocryphes ? D'où vient le caractère inépuisable de ces récits, de ces paroles qui fécondent chaque jour de nouvelles interprétations ? D'où vient cette émotion, cette commotion parfois face au Verbe qui se fait chair dans la lecture ? Quelle est cette étrange alchimie ? "Notre cœur, se disent les deux disciples d'Emmaüs après avoir parlé, sans le savoir, au Christ ressuscité, n'était-il pas tout brûlant au-dedans de nous, quand il nous parlait en chemin, quand il nous expliquait les Écritures ?" Il me semble que c'est chaque fois ce même processus qui est à l'œuvre. Parcourir les Évangiles, que l'on soit chrétien ou pas, croyant ou incroyant, c'est faire un bout de chemin avec le Christ. Et brûler. Car la parole, ici, se fait Présence, et consume les voiles de l'ignorance pour ne laisser place qu'à une lumière irradiante. Ça brûle. Je ne trouve pas d'autre mot pour dire cette expérience. "Notre cœur était tout brûlant au-dedans de nous", c'est-à-dire au plus intime de soi, là où règnent habituellement les ténèbres de l'inconscient. Et voilà que soudain le flambeau du Verbe éclaire les profondeurs et ce faisant, amorce le processus de guérison intérieure. Car Jésus est avant tout un médecin de l'âme. [...] Mon propos n'est pas ici de savoir si le Jésus historique a réellement guéri les corps de manière miraculeuse ou pas. Ce qui m'importe, c'est ce que ces récits nous disent des maladies de l'âme et du processus de guérison spirituelle. Qui recueille ces paroles dans son cœur peut espérer ici et maintenant faire l'expérience de la Présence qui guérit, qui éduque, qui élève, qui purifie, qui libère, qui éclaire et... qui brûle. »

Albert Longchamp : une expérience de résurrection

La brûlure de la résurrection n'est pas qu'une brûlure du texte. Ou, plus exactement, il arrive que le texte prenne chair, même en pleine liturgie, et que cette chair s'enflamme. C'est exactement ce qui s'est passé avec Albert Longchamp.

Albert est un ami. Je l'ai connu à Paris au temps de l'hebdomadaire *Témoignage chrétien*, mais à Genève aussi quand il dirigeait *Choisir* et *L'Écho Magazine.* Un brillant journaliste, très apprécié par la profession, mais qui sera censuré un jour à cause de… l'Opus Dei. Dans ses articles, il était critique pour l'Œuvre fondée par dom Escriva de Balaguer. Et comme il est jésuite, ses supérieurs lui demanderont de ne plus aborder le sujet dans ses écrits, ce qui va beaucoup l'affecter car il a le sentiment d'être blessé au cœur de son métier. Mais puisqu'il en a fait le vœu, il se soumettra, « par obéissance ».

Est-ce cette obéissance qui conduit la Compagnie à le nommer provincial en 2005 ? Un joli pied de nez à l'Opus en tout cas. Le voilà donc à la tête des Jésuites de toute la Suisse, sans mesurer que l'ombre du Vendredi saint s'approche à grands pas. D'abord parce que les milieux traditionalistes le harcèlent et le poursuivent jusqu'à Rome. Mais aussi parce qu'il doit faire face aux terribles affaires de pédophilie qui secouent l'Église. Et comme si cela ne suffisait pas, sa sœur dont il était très proche se suicide à ce moment-là.

Commence alors son plus rude voyage, le plus difficile, le plus risqué, qui va le conduire très à l'intérieur de lui-même : il sombre dans l'enfer de l'alcoolisme jusqu'au jour où il disparaît complètement des radars. Mais heureusement, il va être « repéré » et envoyé en « voyage thérapeutique » à Montréal.

Avec un courage inouï, mais il le voulait, et de toutes ses forces, Albert va raconter la suite en pleine liturgie pascale. À commencer par son arrivée à l'aéroport. Le provincial du Québec l'attend et le conduit immédiatement à la clinique Nouveau Départ. C'est exactement ce dont j'ai besoin, se dit-il en voyant le nom de l'établissement, mais il lui faudra d'abord « toucher le fond ». Peu de temps après son arrivée, un rapport médical le décrit comme « un patient qui ne veut plus vivre ». C'était un choc car il n'avait pas conscience d'une sorte de dédoublement de sa personnalité : « Je n'avais pas la volonté de mourir mais si la mort était arrivée à ce moment-là, je crois que je l'aurais acceptée. »

« Dans mon groupe, poursuit notre invité, nous étions une vingtaine de personnes âgées de dix-sept à soixante-huit ans, alcooliques, dépressifs ou drogués. J'étais le papi. Nous étions très soudés, accrochés à la même planche de salut. Littéralement, on jouait notre vie, c'était souvent éprouvant. Et puis, parfois, nous redevenions enfants. Je me revois dessiner le soleil que j'esquissais déjà tout petit, dans les jours heureux. C'était une renaissance. J'ai vécu là l'expérience existentielle la plus forte de ma vie, avec mon entrée dans la Compagnie de Jésus. Me voici de retour, conscient d'être revenu de très loin, sachant qu'on ne guérit jamais de l'alcoolisme, mais bien décidé à dire et à redire que oui, la résurrection est possible : je l'ai expérimentée... »

Cette « expérience » de la résurrection, comment la traduire liturgiquement ? Par la chanson d'abord. Nos choristes emprunteront à Maurane et à Lara Fabian des paroles qui vont déjà secouer la célébration au départ : « Mais la vie ».

Tout le monde rêve d'un idéal, un Éden, un bonheur fatal.
Mais la vie... Mais la vie... [...]
Moi aussi, je suis tombée de haut, du saut de l'ange au fond de l'eau.
Mais la vie...
Mais qui nous sauve ? Qui nous relève ?
Et qui souffle les brûlures de nos fièvres ?
Une étincelle dans le silence [...]
Mais quand tout s'éteint sur nos chagrins
Il reste encore une braise, une flamme qui dort
Un peu de vent sur nos tourments
Et tout repart, tout s'allume sur un autre espoir
Tout s'allume sur un autre espoir.

Cet « autre espoir », Albert Longchamp va l'allumer ce soir-là, au propre et au figuré, en me rejoignant, dehors, pour la liturgie du feu nouveau qui ouvre toujours la veillée du Samedi. Il réveillera la flamme endormie sous les braises et l'offrira au cierge pascal qui va précéder notre remontée dans l'église, pendant que des enfants partageront la lumière de leurs bougies avec toute l'assemblée. Une procession accompagnée par l'éclatant « Alegria » du Cirque du soleil :

Alegria
Comme un éclat de vie
Alegria
Comme un cri de lumière
Alegria
Comme la beauté aride
Et la folie sereine
Comme la rage d'aimer
Alegria
Dans un saut de bonheur

Après cet office de la lumière, le Samedi saint fait large place à la grande mémoire biblique. Ce soir-là, la liturgie de la parole prend de l'ampleur, jusqu'à proposer sept lectures, de la Genèse à Ézéchiel, sans compter l'épître et l'Évangile.

Au prieuré, nous proposons à l'invité de choisir cinq passages de l'Écriture, plutôt brefs, en acceptant chaque fois de les éclairer par l'expérience vécue. Albert va nous suivre au pied de la lettre…

Juste quelques extraits de ses « Confessions », en relation, d'abord, avec le livre de la Genèse : « Dieu dit : “Qu'il y ait des luminaires au firmament du ciel, et qu'ils servent de signes pour marquer les fêtes, les jours et les années[43].” »

« Je vois presque chaque jour, devant la station de métro, un mendiant qui tend timidement son gobelet.

Quand je l'ai aperçu la première fois, j'ai passé mon chemin. Mais la seconde fois que j'ai vu l'homme, j'allais manger… Alors je lui verse une obole en le saluant comme une vieille connaissance, et je m'apprête à poursuivre ma route. Sa voix m'arrête tout net : "MMM… MM… Monsieur !" Je reviens sur mes pas. L'homme me paraît jeune, mais sa capuche, rabattue sur le front, découvre à peine des yeux pétillants et ne me permet pas de lui donner un âge. Affligé d'un lourd handicap de la parole, il tente de prononcer : "V… vous… vous… allez b. b. bien ? – Oui, merci ! – Bo… bo… bonne journée !" Un jour, il a demandé que Dieu me bénisse. Là, j'ai craqué ! Je ne connais pas son nom mais je l'ai déclaré mon "Ange gardien", ma "Fête", mon "Luminaire". »

Seconde proposition : Abraham. Notre invité y tenait beaucoup : « Le Seigneur dit à Abraham : "Pars de ton pays. Je ferai de toi une grande nation. Je rendrai grand ton nom. Sois en bénédiction[44]." »

« À la clinique de Montréal où j'ai séjourné, j'ai vu beaucoup pleurer et j'ai découvert la souffrance de "gosses" de dix-sept ou dix-huit ans qui ont déjà connu des drames inouïs. L'un des jeunes patients m'a confié qu'il avait huit ans quand il a vu son père assassiné devant ses yeux. À quatorze ans, l'adolescent absorbait jusqu'à douze doses de drogue par jour, zonait dans la rue et n'osait plus rentrer à la maison. Comment a-t-il survécu, où dormait-il ? Vous pouvez tout imaginer. D'autres patients occupaient de hautes fonctions dans la société civile, politique, économique, ecclésiale.

Toutes nos rencontres quotidiennes se déroulaient dans un grand respect des drames de chacune et chacun de nous. J'ai quitté la clinique, paradoxalement, avec un sentiment de profonde nostalgie.

Moi aussi, je suis parti de mon pays.

Et moi aussi, je me suis trouvé “en bénédiction”. »

Suivra un tout bref extrait du livre de l'Exode. Albert expliquera que ces quelques lignes sont au cœur de sa traversée : « Les fils d'Israël, voyant les Égyptiens lancés à leur poursuite, étaient effrayés. Le Seigneur dit à Moïse : “Pourquoi crier vers moi ? [...] Étends le bras contre la mer : que les eaux reviennent sur les Égyptiens, leurs chars et leurs guerriers[45] !” »

« Pourquoi crier vers Lui ?

Mais parce que j'avais une sœur, Élisabeth. J'y étais très attaché. Un jour de 2007, elle s'est donné la mort. Tout mon corps est “mort” avec elle. Comme les Égyptiens, j'étais englouti. Après une longue et lente traversée, j'ai mieux compris la douleur d'une femme qui perd un enfant en lisant l'histoire d'une petite fille à laquelle on présente un bébé nouveau-né : sa petite sœur. Réaction de la fillette : “Ma sœur est née de mon cœur.” Élisabeth aussi est née de mon cœur. »

L'assemblée ne s'attendait pas à voir arriver une histoire d'aveugle dans la lumière pascale : « En passant, Jésus vit un homme aveugle de naissance. Ses disciples lui posèrent cette question : “Rabbi, qui a péché pour qu'il soit né aveugle, lui ou ses parents ?" Jésus répondit : "Ni lui ni ses parents[46]." »

« L'alcoolique ne "guérit" jamais. Je le dis aujourd'hui et ce n'est pas une formule creuse : "Je suis alcoolique." Mais avec l'aide de Dieu et de mon entourage, je maîtrise la maladie. Et je revis le bonheur de la liberté. La maladie n'est pas une malédiction. Ma nouvelle mission est de donner de l'espérance. Elle me donne le désir de vivre moi-même avec mes écorchures et mes échecs. Avec regrets, peut-être, mais sans honte. »

La dernière proposition d'Albert préparait déjà à accueillir l'Évangile de la résurrection en évoquant, chez saint Marc, l'histoire de la fillette qui vient de mourir : « Jésus entre là où se trouvait l'enfant, lui prend la main et lui dit : "Talitha Qoum", ce qui veut dire : "Fillette, je te le dis, réveille-toi !" Aussitôt la fillette se leva et se mit à marcher[47]. »

« Avec un copain jésuite, nous avions visité l'ancienne abbaye d'Oka, au Québec. Après avoir quitté les lieux, nous nous rendons au parking pour reprendre notre voiture. Sur le chemin, nous découvrons, par moins 12 °C, un enfant couché par terre. "Il est mort !" crie mon confrère. Nous ne voyions pas son visage. Je me suis baissé, c'était une petite fille d'environ cinq à six ans. J'ai caressé sa joue : elle était chaude ! Elle vivait ! Je lui ai dit : "Petite fille, lève-toi." Elle a ouvert les yeux sans le moindre effroi. À cet instant, sa chaleur a passé en moi. La chaleur du vivant m'a envahi. Je n'ai jamais connu d'expérience aussi forte, presque violente.

J'ai demandé à l'enfant pourquoi elle était là, toute seule, et endormie. Réponse : "J'attends papa !" Un jeune papa est en effet arrivé quelques minutes plus tard... »

À la fin de l'office, je demande toujours à l'invité s'il souhaite nous confier un dernier mot, une histoire, une anecdote... en relation avec ce que nous venons de célébrer. Albert Longchamp a voulu évoquer la fin de son séjour à Montréal :

« Nous étions rendus à la dernière thérapie avant la dispersion. Éric, dix-huit ans, s'approche de moi. Ex-enfant terrible, il a tout connu de la drogue. Libéré des contrefaçons, il rêve de connaître la vraie vie. En clinique, nous avons passé des soirées entières devant la télé. Fan de hockey, Éric me bourrait de coups de poing à cause de mon manque de zèle à hurler de joie ou de rage devant les exploits ou les défaites du "Canadien", son équipe préférée.

Entre nous, on n'a jamais parlé de religion.

L'heure de se quitter est arrivée. Éric s'amuse *in extremis* à m'initier au rituel des salutations juvéniles. Poings serrés, grosses bourrades sur le ventre et même un bisou ! Très ému, il tourne les talons mais revient aussitôt sur ses pas, me tape à nouveau l'épaule en déclarant à pleine voix : "Albert, t'es Jésus !" Foudroyé par ces mots, je lance : "Pas encore !" Déjà il a disparu...

Une joie m'inonde. "T'es Jésus !" Oui, ce soir-là, j'ai compris. Éric m'a ouvert la porte du paradis. A-Dieu donc, enfant de ma résurrection ! »

François Troukens : armé de résilience

Un prêtre en dérive dans la mer démontée de la dépendance, on peut encore comprendre qu'il débarque sur une plage liturgique… Mais un truand ?

Pourtant, au départ, rien n'appelait François Troukens à rejoindre le grand banditisme. Son enfance écolo dans une famille nombreuse est plutôt bercée par la littérature et les belles histoires que lui raconte sa maman. Il lit Rimbaud, adore Simenon et rêve de faire du grand reportage. L'écriture l'attire beaucoup, et la démarche artistique. Mais les difficultés financières à la maison l'amènent à chercher un emploi. Et il se retrouve dans le domaine de la sécurité. Garde du corps et puis conducteur de fourgons blindés. Une pratique professionnelle qui le prépare… à son premier casse. Le voilà derrière les barreaux. Et de son propre aveu, c'est en prison qu'il va fréquenter « l'université du crime » et découvrir le grand banditisme. À sa sortie, « diplômé » en expertise criminelle, il se lance à nouveau dans l'attaque de fourgons blindés. Arrêté et accusé d'un braquage violent qu'il n'a pas commis, il s'évade et part en cavale au Venezuela, aux États-Unis, en Côte-d'Ivoire, en Italie, en Hongrie, en Angleterre et, finalement, en France, où la justice le rattrape après une course-poursuite en plein Paris. Incarcéré à la prison de la Santé, il choisit de s'évader à nouveau, mais… par les études. Depuis sa cellule, il entame une licence en lettres modernes à la Sorbonne, mais il doit l'interrompre car il est extradé en Belgique où la cour d'assises le condamne à quinze ans de réclusion. Durant cette longue détention, il revient à sa première passion : l'écriture. Pour lui et pour ses codétenus. Y compris l'écriture cinématographique. Et il n'en finit pas de se former, en langues, en informatique, en psychopédagogie et en art culinaire !

Libéré en 2010 après dix ans de détention, il va devoir rejoindre la prison pour sept mois en 2014 car un procureur étroit et formaliste estime qu'il n'a pas respecté les conditions de sa libération conditionnelle en parlant à un ex-détenu. Or il s'agissait de contacts avec le comédien rappeur Joey Starr à qui il envisageait de proposer un rôle dans son film en préparation. Mais pendant cette incarcération qu'il estime blessante et scandaleuse, il sera très soutenu puisque tous ceux qui préparent le film avec lui poursuivent le travail chaque semaine depuis le parloir de la prison.

Devenu chroniqueur en radio et en télévision et auteur de scénarios de bandes dessinées, François Troukens a réalisé son premier long-métrage, *Tueurs*, sorti en salle fin 2017, où il met en scène Frank Valken (Olivier Gourmet), un braqueur qui lui ressemble par bien des côtés. Plutôt voyou à l'ancienne, façon Lino Ventura, c'est un homme cultivé et plein de panache. Comme Troukens, il respecte la vie et déteste la violence gratuite. Comme lui, il attaque des fourgons. Comme lui, il sera accusé d'un crime qu'il n'a pas commis et va s'évader de prison. Mais à l'inverse de son personnage, François Troukens s'arrêtera avant de verser le sang…

Est-ce trop beau ? Trop romanesque ? Mais sa vie est un roman ! Est-ce surtout trop provocant ? Est-il

« moral » qu'un gangster recherché par toutes les polices du monde se retrouve finalement l'objet de tant d'applaudissements ? Certains lui ont dit qu'après avoir purgé sa peine, il aurait dû se la jouer plus modeste, s'enfouir avec son histoire de braqueur non violent. Lui dit que non. Et qu'il faut pouvoir se réconcilier avec la société quand on lui a infligé une guerre ouverte. Il dit aussi qu'il veut envoyer un signal à tous ces jeunes en rupture dont la violence sans états d'âme l'inquiète au plus profond. Quand il a dû faire, récemment, ce supplément de peine, il a été marqué par l'évolution de cette jeune violence dans laquelle il ne se reconnaît pas. Raison de plus – et pas raison de moins – de dénoncer une prison qui ne fait qu'aggraver la situation.

Quand j'ai demandé à François Troukens de venir évoquer ce relèvement en pleine célébration pascale, il m'a tout de suite dit oui. Y compris en acceptant de commenter l'Évangile de l'arrivée des femmes au tombeau et, en particulier, cette question qui a dû le hanter pendant ses dix années de tombeau carcéral : « Qui nous roulera la pierre[48] ? »

Armé de résilience, l'invité le plus surprenant sans doute que le prieuré ait reçu lors d'une veillée pascale veut montrer qu'un être est capable de se transformer en profondeur. « Si étrange que cela puisse paraître, confiera-t-il à la fin de l'office, je suis un homme libre. Ces dernières années, j'ai pu acquérir une force intérieure, un avenir, et cette sérénité qui me faisait défaut. Durant cette longue détention, je fais tout ce que je peux pour préparer mon retour en surface. J'ai conscience que l'on ne m'attendra pas et je dois me former au maximum pour retrouver une place dans la société et me réconcilier avec elle. […] « C'est surtout dans mon être intérieur que s'est opérée la plus belle des réalisations. J'entends prouver que tout homme a la capacité de se relever, si on lui en laisse la chance et qu'il en a la volonté[49]. »

Jean-Pierre Améris : des chemins de bonté

Le prieuré aime le cinéma. Preuve en est que chaque année, ou presque, un réalisateur ou un comédien se trouve à l'affiche d'un jour saint. Quand je m'interroge avec un peu de recul, j'y vois deux raisons. Beaucoup d'œuvres cinématographiques, y compris parmi les plus récentes, portent en elles une véritable interrogation spirituelle. Parce que ces œuvres, justement, n'ont rien à démontrer. Elles ne se préoccupent pas d'édifier et moins encore de confesser – ce ne serait plus du cinéma ! – mais elles se laissent traverser par une quête intérieure qui se moque des frontières idéologiques, d'où qu'elles viennent. La seconde raison tient aux acteurs et aux réalisateurs eux-mêmes. Je suis frappé de voir comme ils aiment, même timidement, débattre de ces questions qui touchent à la transcendance. Et quand je leur demande d'aller jusqu'à s'impliquer dans la célébration, une fois passée la surprise, je sens chez eux un accueil reconnaissant.

Ce fut encore le cas avec Jean-Pierre Améris.

Il y a chez lui ce que j'ose appeler une sorte de

timidité féconde. Sa réserve et sa sobriété n'empêchent pas la chaleur de la relation. Dès le premier contact, on sent un accueil tellement vrai. Je comprends que beaucoup de comédiens, y compris les plus exigeants, parlent de son autorité naturelle.

Et pourtant, au départ, le jeune Jean-Pierre n'en menait pas large. « Chez moi, on ne parlait pas. Il y avait beaucoup, beaucoup de conflits. Toute mon adolescence a été marquée par l'angoisse et l'inquiétude. J'osais à peine sortir dans la rue, tellement j'étais complexé par ma grande taille. J'avais l'impression que tout le monde me regardait sur le trottoir… »

C'est le cinéma qui va le sauver. Et surtout la salle de cinéma : un « abri idéal ». Pour lui, « trouver son abri » reste une balise essentielle. Il me le répétera trois fois. Et parce qu'on a trouvé son abri, « sortir de soi », « cesser de se mésestimer », « oser mettre au monde ». Y compris quand on est en prison, quand on est migrant ou quand on va mourir. Sont-ce les années adolescentes douloureuses qui vont amener Jean-Pierre Améris à placer au centre de l'écran des personnages blessés par la vie ? « J'ai besoin d'aller là où l'on souffre, me dit-il, car c'est parfois là qu'on rencontre le plus de vie et même, à certains moments, le plus de joie. » Ces quelques mots donnent la clé d'une œuvre qui ose aller se perdre en des lieux où il est parfois si difficile de rester debout. Mais ce n'est pas pour enfoncer le spectateur, au contraire. « Je lui raconte ce que j'ai vu de difficile et je le partage avec lui pour qu'il surmonte sa peur et son ignorance et sorte de mon film… ragaillardi. »

Fuyant les mondanités et ne supportant pas « la

culture du cynisme », Jean-Pierre Améris cherche à raconter des chemins de bonté et de dépouillement. « Je tourne autour du don, et, si possible, de l'humilité. » Pas étonnant alors qu'il voue une admiration toute particulière à François d'Assise.

Comment raconter ces chemins de bonté durant la veillée pascale ?

Nous avons finalement convenu qu'il ferait dialoguer cinq de ses films avec quelques grands textes bibliques. Et pour relier entre eux ces regards cinématographiques, musiciens et chanteuses vont mettre en voix le poème pascal de frère Christophe, moine martyr de Tibhirine. Une interprétation tout en douceur qui cherche quelques graines de lumière dans l'épaisseur des ténèbres, comme le cinéma de Jean-Pierre Améris. Frère Christophe a voulu détacher les mots pour qu'ils nous rejoignent plus lentement :

Je te porte d'une rive   à l'autre
des ténèbres à la lumière
je passe
dans la nuit   large   du fleuve
je porte   l'enfance blessée du monde.
Passeur de joie
C'est   là   ma tâche
et c'est mon nom de gloire.

Après avoir évoqué, au fil de la liturgie, la prison (*Les Aveux de l'innocent*), les soins palliatifs (*C'est la vie*), les migrants de Calais (*Maman est folle*) et la timidité maladive (*Les Émotifs anonymes*), notre invité en arrive à *Marie Heurtin* qui rencontre de plein fouet la question posée par l'Évangile de Pâques : « Qui nous roulera la pierre ? » Saint Marc écrit au début de son chapitre 16 : « Le sabbat terminé, Marie-Madeleine, Marie mère de Jacques et Salomé achetèrent des parfums pour aller embaumer le corps de Jésus. De grand matin, le premier jour de la semaine, elles se rendent au sépulcre au lever du soleil. Elles se disaient entre elles : "Qui nous roulera la pierre pour dégager l'entrée du tombeau[50] ?" »

C'est là que se trouve Marie Heurtin.

Cette histoire authentique s'est déroulée dans la région de Poitiers à la fin du XIXe siècle. Marie, onze ans, sourde mais aussi aveugle, arrive à Larnay où les Filles de la sagesse accompagnent des enfants atteints de surdité. Elle est sauvage, Marie, mais son papa se dit que les sœurs l'accepteront peut-être dans leur pensionnat malgré son double handicap. Or la mère supérieure refuse. Son institution n'a pas la force de prendre en charge ce petit animal indomptable. Sœur Marguerite supplie et parvient à convaincre sa consœur de lui confier l'enfant. Une folie. Et voilà que commence un véritable thriller : comment cette nonne de santé fragile parviendra-t-elle à ouvrir une brèche dans le cachot de la jeune emmurée vivante ? D'abord avec les mains ! Car tout va passer par le corps et par le toucher. Quelles images exceptionnelles que celles où l'enfant prend la forme des visages, les tâte, les sculpte, les caresse, les renifle… jusqu'à apprendre un langage qui va la sauver.

Dans un jeu d'une authenticité à couper le souffle, les deux comédiennes Ariana Rivoire (sourde elle-même) et Isabelle Carré réussissent à entraîner le spectateur dans une aventure intense et universelle car ce « baptême » particulier réveille bien d'autres passages de la mort à la vie, au-delà de l'histoire racontée. « Je vois aujourd'hui beaucoup de Marie Heurtin, témoigne le cinéaste, qui ne trouvent pas leur place dans la société. »

Rejoignant les femmes au tombeau, Jean-Pierre Améris nous parlera d'elles à travers la foi très concrète de sœur Marguerite. Une foi qu'il admire parce qu'elle est labour et retournement, elle fait travailler, dit-il, et sortir du raisonnable. S'occuper des plus inquiets, des plus perdus, des plus démunis, ce n'est pas confortable. « Mais la foi du Christ, c'est tout sauf du confort ! » « Oui, poursuit-il, j'aime cette foi naïve et phénoménale de Marguerite, une foi qui lutte et qui, parfois, se décourage, mais qui a aussi quelque chose de joyeux et de subversif. »

À une journaliste qui lui demandait ce que la vie consacrée apportait au monde, il a répondu : « Je ne suis pas sûr de bien comprendre ce terme de "vie consacrée". S'il s'agit d'une vie comme celle de sœur Marguerite, cela me paraît être un accomplissement. Mais mes films précédents montrent aussi des "vies consacrées", comme celles de ces bénévoles qui vont servir la soupe tous les soirs à des migrants. Là où la vie est plus forte, plus intense qu'ailleurs, parce qu'il n'y a pas de faux-semblant, elle est "consacrée". Je ne me suis jamais senti aussi vivant qu'au centre de soins palliatifs La Maison de Gardanne, près d'Aix-en-Provence, où j'ai tourné *C'est la vie* ; ou à l'institut de Larnay avec *Marie Heurtin*. Paradoxalement, on y ressent une profonde joie. N'est-ce pas cela une vie consacrée ? Une vie consacrée à rendre encore plus vivant ? »

Quand Marie arrive avec toute la sauvagerie de sa souffrance extrême, elle est au fond du tombeau. En plongeant avec elle dans la nuit de son mal, sœur Marguerite va réussir à la porter et à la mettre au monde pour la seconde fois. Un accouchement pascal qui aura raison de sa santé. Épuisée et malade, elle mourra en couches, mais l'enfant est sauvée.

Les dernières images, lumineuses, montrent la petite en prière des signes devant la tombe de sa Marguerite. De tout son corps, de toutes ses mains, elle annonce au ciel la litanie de ses progrès. Et avec elle, on touche du doigt la grâce de la résurrection.

Bouli Lanners : rendre grâce aux femmes

La grâce de la résurrection n'est pas absente du cinéma de Bouli Lanners, même si elle déboule en pleine liturgie par des chemins qui ont dû surprendre une célébration qui en avait pourtant vu d'autres !

Au départ, rien ne destinait Bouli Lanners à faire du cinéma. Sa passion l'orientait plutôt vers la peinture. Du coup, après ses études secondaires, il s'oriente vers l'Académie des beaux-arts. Brièvement. « Car j'ai commencé à faire des conneries et je me suis fait virer. »

C'était sa période « punk », plutôt agitée. Il entreprend des tas de petits boulots sur les tournages de copains et devient même un personnage des Snuls, un groupe humoristique à la recherche d'« un petit gros pour un sketch ». « C'est là, dit-il, que j'ai fait ma propre école de cinéma. » Après… c'est la dégringolade. Une vraie descente aux enfers, jusqu'à s'installer dans une cabane en bord de Meuse, sans eau et sans électricité. L'exclusion, la marginalité et l'extrême pauvreté. Son cinéma s'en souviendra.

Après avoir ainsi vivoté en bordure de société en rachetant des pellicules usagées pour confectionner de petits films, il réalise *Travellinckx*, un *road movie* noir et blanc en super-huit qui sera primé et va faire le tour du monde. Il ressuscite, Bouli ! Et en sortant du tombeau, il tourne *Ultranova*, *Eldorado*, *Les Géants*, *Tous les chats sont gris…* et décroche de nombreux prix, jusqu'au Magritte du meilleur film et du meilleur réalisateur pour *Les Premiers, les Derniers* autour duquel nous allons construire la célébration pascale.

Ça commence comme un fait divers. Et ça le restera. Une sorte de western métaphysique qui raconte l'histoire de Cochise et Gilou, d'inséparables chasseurs de prime à la recherche d'un téléphone portable. Il a été volé et son contenu est ultrasensible. Sur leur chemin exploratoire, ils croisent un jeune couple en cavale, Esther et Willy, qui, dans le scénario, représentent le reste de bonté que compte encore notre humanité. Sont-ils les derniers de cette humanité-là ? Le film pose une question qui habite et même transperce son réalisateur : l'échéance.

Que fait-on avec un film comme celui-là à la veillée pascale ?

D'abord, on le regarde ! Et comme pour *Marie Heurtin* de Jean-Pierre Améris, il y avait église comble pour assister à la projection avant la célébration. Ensuite, on en débat avec le réalisateur. Mais surtout, on le fait entrer dans la liturgie elle-même, depuis la bénédiction du feu jusqu'à l'envoi final.

Je vais m'en tenir ici à la liturgie de la parole, en précisant que j'avais demandé à notre invité de choisir quelques textes qu'il aimerait faire entendre ce soir-là, en relation avec Pâques et avec son cinéma. Et il m'a plutôt surpris en s'amenant avec Hildegarde de Bingen, saint Jean de la Croix, saint Augustin, Graham Greene, un condamné à mort et un grand chef amérindien...

Quand on en est venu à l'Évangile de Matthieu et à l'arrivée au tombeau de Marie-Madeleine et de l'autre Marie, Bouli Lanners s'est posé cette double question : pourquoi si peu de femmes dans mon cinéma et tant de femmes dans l'Évangile ?

Dans *Eldorado*, un homme étrange se met à crier : « Ça manque de femmes, ça manque de femmes ! » « Oui, convient Bouli Lanners, ça manque de femmes dans mes histoires et mes personnages en souffrent terriblement. L'absence de femmes les abrutit, les fragilise et les propulse dans des formes d'errance sans fin. Et je raconte ces errances. » Par contre, « Jésus, lui, était entouré de femmes », poursuit le cinéaste qui s'en réjouit. Et moi, je me réjouis de voir comme il a relu l'Évangile de près quand il confie à l'assemblée : « Jésus avait une relation tout à fait extraordinaire avec les femmes ; il est d'ailleurs le premier de la tradition juive à employer des personnages féminins dans ses paraboles. [...] Les disciples disent souvent qu'il "ose" s'entourer de femmes. Mais il est quand-même étrange que la présence des femmes, si évidente dans la vie de Jésus, ait été si peu remarquée depuis deux mille ans ! » Et notre invité de conclure son authentique homélie par cette chute :

« Alors, ce samedi de Pâques, rendons grâce aux femmes.

Rendons grâce à celles sans qui, mes personnages, tout comme moi, se sentent tellement vulnérables.

Rendons grâce aux femmes qui n'ont toujours pas trouvé leur juste place dans la société.

Sans elles, rien n'est possible. »

Je n'ai pas assez dit que Bouli Lanners était un tendre. Et que pour lui, comme pour Jean-Pierre Améris, la bonté est une vertu première. Un Bouli si proche du monde populaire, y compris du monde populaire de sa mère qui fait des neuvaines quand il tourne pour que la météo soit « raccord ». Et ça marche ! Un Bouli plein de tatouages à tous les doigts et aux avant-bras, dont un saint protégeant une biche. « Ça, c'est pour rendre grâce, me dit-il. Après une grave opération du cœur, je me suis trouvé, à Liège, devant l'église Saint-Gilles où se déroulait la procession annuelle. Je me sentais revivre.

Pour la première fois depuis longtemps, j'avais moins peur de la mort. Or j'ai appris par la suite que saint Gilles, accompagné d'une biche, était invoqué contre la peur… Je devais le remercier ! »

Les Brel, mère et fille : pour l'amour de Jacques

Tout a commencé par un repas.

Miche Brel, l'épouse de Jacques, sa fille France et son mari Francis de Laveleye ainsi qu'André Remy, comédien belge de leurs amis, viennent déjeuner au prieuré. Nous évoquons Jacques, bien entendu, mais très au-delà de sa biographie officielle. Je suis ému d'entendre Miche me parler de son obsession de « partir » : « L'homme est fait pour aller voir de l'autre côté de la colline », répétait-il souvent. Partir de l'usine. Partir de Bruxelles. Partir aux Marquises… « Il est parti souvent… mais il ne m'a jamais quittée. » « Mon père, c'était la porte ouverte, poursuit France, mais aussi la main ouverte. Il savait "donner", et il cultivait par-dessus tout le don de l'amitié. » Mais ce qu'on sait moins, insistent les deux femmes, ou ce qu'on dit peu, c'est que Jacques avait aussi une vraie quête intérieure. Car s'il chantait ses révoltes religieuses et se moquait des grenouilles de bénitier, il passait aussi des nuits entières à parler de Dieu avec des hommes d'Église qui croisaient son chemin.

Nous nous sommes promis de nous revoir. Après un temps de cheminement, je leur demande : « Accepteriez-vous de préparer la veillée pascale avec moi autour de Jacques Brel ? » Surprises un bref moment, mère et fille me répondent un « oui » enthousiaste et nous nous lançons, dès l'aurore, dans une aventure qui demandera plusieurs mois de préparation pour que le Samedi saint revisité par Brel sonne au plus juste.

Dès l'ouverture de la célébration, avant même que ne crépite le feu nouveau, une surprise attend l'assemblée, et un cadeau : la chanson « Litanies pour un retour... » à l'orgue.

Le texte, déjà, invite à la liturgie pascale :

Mon cœur ma mie mon âme
Mon ciel mon feu ma flamme
Mon corps ma chair mon bien
Voilà que tu reviens

Mais sous les doigts de l'organiste Frédéric Lamantia – que Brel me pardonne ou qu'il se réjouisse – ce chant prend une ampleur que je n'avais jamais perçue jusque-là. Toute l'église, au dernier couplet surtout, se trouve enveloppée par ce feu et cette flamme au moment où « tu reviens ».

Quand je dis « surprise » et « cadeau », je veux souligner qu'en avant-première et tout au long de la célébration, en dehors des magnifiques arrangements que proposeront les musiciens, on entendra quelques-unes des trente chansons de Brel interprétées par le titulaire des orgues du Grand Temple protestant de Lyon[51].

Passionné de chanson française, Frédéric Lamantia avait déjà adapté Charles Trenet, Jean Ferrat, Georges Brassens et Barbara. Et voilà qu'il ose Brel ! « Ensemble, confiera France Brel, un peu plus tard, nous relirons les vers, retrouverons l'œil moqueur, les sourires et les déchirures du poète. Et Frédéric se remettra au clavier pour enlever un peu de trompette, ajouter un rien de flûte, diminuer le cornet, installer un silence ou intensifier un crescendo. Sans cesse il va tenter et oser. De l'enfance au dernier départ, dira encore la fille de Brel, les chansons de Jacques ponctuent les moments sacrés de nos vies. Et l'orgue… s'octroie le talent de déployer nos âmes. »

C'est exactement ce que j'ai ressenti pendant cette liturgie pascale : un déploiement. Peut-on le prolonger jusqu'à imaginer une prière un rien brelienne ?

« Seigneur,

Quand on n'a que l'amour
À s'offrir en partage
Au jour du grand voyage
Qu'est notre grand amour

Laisse-nous venir vers toi, les sacs pleins
d'aromates et de parfum,
et pleins de passion et pleins de compassion
pour les visages de l'actualité.

Quand on n'a que l'amour
Pour habiller matin
Pauvres et malandrins
De manteaux de velours

Laisse-nous te prier pour toutes celles,
pour tous ceux qui sont sans domicile,
très loin parfois, ou tout près,
Et qui ne parviennent plus à rentrer chez eux.

Quand on n'a que l'amour
À offrir en prière
Pour les maux de la terre
En simple troubadour

Laisse-nous te prier pour celles et ceux
qui nous ont quittés,
tout récemment ou il y a longtemps,
dans le tragique de l'actualité
ou dans l'apaisement d'un accompagnement amical.
Et reçois-les dans la lumière de Pâques, auprès de toi.

Quand on n'a que l'amour
Pour parler aux canons
Et rien qu'une chanson
Pour convaincre un tambour

Laisse-nous te prier, Seigneur,
pour tous les bâtisseurs de paix.
Et pour ton Église.
Et pour chacun de nous.

Et pour Toi,
Dieu-nouveauté,
Dieu-folie,
Dieu-passion,

Dieu-liberté.
Pour les siècles des siècles. »

Au moment de l'envoi, France Brel s'est approchée du micro pour nous dire ou nous redire ce que nous souhaitait son père :

« Je vous souhaite de souhaiter. Je vous souhaite de désirer. Le bonheur, c'est déjà vouloir. Comme en droit pénal, l'intention vaut l'action. Le seul fait de rêver est déjà très important. Je vous souhaite des rêves à n'en plus finir et l'envie furieuse d'en réaliser quelques-uns. Je vous souhaite d'aimer ce qu'il faut aimer et d'oublier ce qu'il faut oublier. Je vous souhaite des passions. Je vous souhaite des silences. Je vous souhaite des chants d'oiseaux au réveil et des rires d'enfants. Je vous souhaite de résister à l'enlisement, à l'indifférence, aux vertus négatives de notre époque. Je vous souhaite surtout d'être vous. »

Et puis France est venue se glisser parmi les chanteuses pour interpréter avec elles « Quand on n'a que l'amour », prolongée à l'orgue par Frédéric Lamantia…

Trois pasteures à la table d'hôtes

Le christianisme est né autour de la table. Le dira-t-on jamais assez ? Pas une table de banquet. Une toute petite table d'hôtes. Une table-crèche. Une table-mangeoire. C'est dans le berceau d'une table palestinienne qu'il a été engendré.

J'ai eu le privilège et le bonheur d'accueillir trois femmes pasteures à la table d'hôtes du prieuré.

Marion Muller-Colard un Jeudi.

Marie Cénec un Vendredi.

Lytta Basset un Samedi.

Marion avait revêtu sa toge noire de pasteure. Marie aussi. Lytta avait choisi une aube, semblable à la mienne.

Comme avec Floriane, l'amie rabbin, nous avons trouvé important de dire à l'assemblée que nous allions prononcer les mêmes mots et poser les mêmes gestes, en les inscrivant dans nos traditions respectives. L'heure n'était pas à l'effacement des différences, elles existent, mais aux rapprochements des convergences, tout aussi réelles.

J'ai souvenir que le Samedi, avec Lytta, j'ai soulevé la patène, et elle tendait la main. Elle a soulevé le calice, et je tendais la main. Mais la parole, nous l'avons dite ensemble sur le pain et sur le vin.

Et j'ai vu, oui, j'ai vu que l'assemblée pleurait.

Célébrer sans frontières

Jusqu'ici, j'ai tenté de raconter la célébration que je vis, jour après jour, là où la vie m'appelle, et là où mon prieuré invite à faire communauté. Ce n'est qu'un chemin parmi beaucoup d'autres. Et s'il espère être marqué par une brise d'Évangile, je suis convaincu que le vent souffle où il veut, bien au-delà des seuls espaces religieux. Je plaide donc pour le déplacement de frontières liturgiques trop étroites et pour l'élargissement du regard.

Être large, c'est être généreux, dit l'ancien français *larc*, du latin *largus*.

Être large, à en croire les dictionnaires, c'est n'être « pas mesquin », « pas étriqué », « pas borné », « pas tendu » mais « ouvert », « souple » et surtout « libre ».

Tout cela concerne la célébration.

Chaque vie porte en elle sa part d'au-delà. Il ne faut pas être croyant pour nommer laïquement la transcendance. Mais si l'affirmation d'une spiritualité laïque est aujourd'hui largement accueillie, peut-on en dire autant de la célébration laïque ? Les tenants d'une position plus rationaliste craignent qu'un développement de pratiques rituelles n'affadisse l'idéal des Lumières auquel ils se réfèrent. Peste soit d'une nouvelle religion laïque ! Alors qu'à l'inverse, certains milieux religieux regardent avec crainte ces élargissements liturgiques. Si des laïques se mettent à célébrer, où va notre monopole !

Je souhaite l'ouverture, de part et d'autre, pour que la fraternité ne se divise pas.

Des lieux

Quels sont aujourd'hui, en dehors des temples, des églises, des mosquées et des synagogues… les lieux qui pourraient offrir d'heureux espaces liturgiques ? Des lieux pluralistes et ouverts à toute conviction ?

Pour la célébration de la mort, on a vu se développer pas mal de centres funéraires dont certains, parmi les plus récents, ont beaucoup investi dans des locaux réservés à la démarche rituelle. Chacun peut aménager le lieu et s'y exprimer selon sa conviction. Les responsables ecclésiaux ont parfois quelque peine à encourager l'accompagnement de cérémonies qui, même chrétiennes, délaissent les églises. Au-delà de l'aspect convictionnel, certains regrettent l'affaiblissement du lieu qui permet encore une célébration vécue localement. Du coup, des diocèses pourtant présents depuis longtemps dans les centres funéraires sont tentés par le « rapatriement ». Pour des raisons de visibilité ecclésiale, ils choisissent de « relocaliser » les funérailles dans les églises. Mais à une époque où le choix de la crémation devient dominant, la population, pragmatique, se dirige de plus en plus vers ces lieux « tout compris » qui permettent l'unité des démarches.

Pour des funérailles laïques, et à défaut de rejoindre un complexe funéraire, certaines familles et associations vont aménager l'espace d'une école, d'un centre sportif, culturel, ou donner directement rendez-vous au cimetière. C'est en faisant ce constat qu'un député socialiste se bat depuis des années pour que les municipalités construisent chacune (ou en se regroupant) des lieux destinés à des célébrations « neutres » ou « non confessionnelles ». Un projet qui a entraîné de vifs échanges entre les parlementaires wallons et où les exclamations de « laïcards » et de « calotins » s'invitaient au débat. Preuve que le choix d'un lieu de célébration réveille encore bien des émotions. Je n'entre pas ici dans la question économique qui affirme que ces nouveaux espaces municipaux seront « impayables » et trop peu fréquentés. Mais si la volonté politique et l'imagination financière permettaient à ces constructions de voir le jour, j'espère qu'un geste architectural saura leur donner une force célébrationnelle et les inscrire dans un paysage inspirant. En attendant, et l'un n'excluant pas l'autre, certaines familles font preuve d'imagination et de créativité en investissant des lieux à haute teneur symbolique, en relation avec le parcours du défunt. Le choix peut d'ailleurs être dicté par celui ou celle qui s'en va. L'ancien ministre belge, Philippe Maystadt, longtemps président de la Banque européenne d'investissement, a voulu que ses funérailles se déroulent au Bois du Cazier, un ancien charbonnage de la région de Charleroi ou 262 mineurs ont perdu la vie en 1956.

En invitant ses proches à organiser la cérémonie du dernier adieu dans ce haut lieu de la mémoire ouvrière, Philippe Maystadt voulait faire entendre, jusque dans sa mort, sa solidarité avec les travailleurs du « pays noir ».

Il existe peut-être une troisième voie : partager les églises ! Je sais que le seul énoncé de la suggestion peut faire bondir. Et des deux côtés. La réflexion fait pourtant son chemin sur le plan culturel, y compris chez les responsables diocésains. Entretenir à grands frais publics ce remarquable patrimoine religieux mérite et méritera de plus en plus qu'il soit partagé et qu'à côté du culte, les églises accueillent non seulement des concerts, des expositions, des conférences – elles le font déjà – mais acceptent des aménagements substantiels qui permettent une plus large variété d'expressions culturelles, y compris théâtrales et cinématographiques.

Mais partager les cultes ! N'est-ce pas sacrilège ? Une messe et une célébration laïque pourraient-elles se succéder sans dénaturer l'esprit du lieu ? Pour moi, il ne s'agit pas d'opposer le sacré au profane, mais de permettre à deux formes de sacré de s'exprimer. Je ne plaide pas. Et j'entends toutes les réticences, aussi bien laïques que chrétiennes. Mais je vois aussi, et je l'ai vécu, des familles laïques souhaiter une célébration laïque… à l'église. Avant de crier trop vite à la perte des identités et à la confusion des genres, il faut peut-être – au moins – se mettre à l'écoute de ces demandes souvent préparées et mûrement réfléchies. J'ai entendu de très belles choses chez des personnes éloignées de toute religion, mais que le sacré poétique d'une église rejoignait en profondeur, et qui me disaient se réjouir de célébrer laïquement dans un lieu habité par un souffle.

Des célébrants

Avec quels célébrants ? Denrée rare ! On cherche vocations à célébrer laïquement...

Sur ce plan, les centres funéraires ont réellement progressé. J'ai encore souvenir de cérémonies qui se réduisaient à une succession de discours. Ce n'est pas une célébration. Aujourd'hui, ces lieux engagent régulièrement des comédiens qui vont lire des textes, proposer des musiques et encadrer des témoignages. C'est mieux. Mais comment éviter l'aspect parfois trop formel ou trop théâtral et, surtout, explorer des chemins qui donnent davantage place au rite et à l'émotion ? Il serait dommage que seule la tête soit au rendez-vous alors que le cœur est resté à l'église !

À cet égard, j'ai trouvé remarquable l'initiative d'un centre funéraire liégeois qui, le 1er novembre, a proposé une célébration laïque du jour des morts. Une vraie liturgie à haute teneur culturelle et spirituelle à laquelle beaucoup de monde a participé. Heureuse démonstration d'une célébration sans frontières qui a osé s'aventurer en pleine laïcité, loin des sentiers battus.

Mais pour donner cœur, quel que soit le lieu, il me semble que celle ou celui qui préside la démarche doit avoir eu contact avec les proches concernés. Je rêve. Oui ! Et je sais que je pose une question difficile qui concerne aussi les célébrations religieuses. C'est partout qu'on cherche un célébrant désespérément ! Et pas que célébrant d'un moment. Un célébrant qui prépare, qui crée du lien, qui accompagne et arrive à faire accoucher de gestes et de mots qui vont compter beaucoup pour celles et ceux qui ont perdu un proche. Que de possibilités d'utiliser l'eau, le sable, la terre, la pierre, la lumière, le feu... afin de proposer une démarche rituelle apaisante et significative. Il ne faut pas avoir fait six ans de théologie pour acquérir une sensibilité liturgique et poétique. Mais être habité par une fibre artistique qui saura décliner d'heureuses couleurs spirituelles.

J'entends l'objection : connaissez-vous une école qui forme de tels célébrants ? Non. Mais comme on a vu se multiplier, souvent avec bonheur, les ateliers d'écriture, il faudra, je le crois, proposer des ateliers de célébration sérieux et exigeants. Mon prieuré y réfléchit et espère ouvrir de nouveaux chantiers sur ce terrain-là. Je suis convaincu que beaucoup portent en eux une aspiration à célébrer. Il faut la débusquer, la réveiller, l'accueillir, la former et lui permettre de s'exercer. Sinon, on va voir débarquer le « commercial », déjà si présent dans les mariages, pour offrir scénario et célébrant « formatés », y compris – c'est authentique – la présence d'un photographe jusqu'au cimetière ! Former à célébrer est plus qu'une question spirituelle, c'est un enjeu civique : il ne faut pas se laisser voler sa célébration.

D'autres élargissements

S'il est un lieu qui ne se laisse pas voler sa célébration, c'est bien la franc-maçonnerie.

Je ne suis pas maçon mais je fréquente de près différentes loges qui m'ont invité à débattre très régulièrement. Et sans être « initié », mais grâce à la fraternité qui s'est construite au fil du temps avec des amis « frères », je crois bien sentir la démarche rituelle maçonnique. Est-ce fantasme de ma part ? Mais lorsque j'entre dans le temple à l'occasion d'une tenue « blanche » (où sont invités des non-initiés) et que je suis conduit à l'ambon par une démarche rituelle très codifiée, je sens que la parole que je vais prononcer prend une résonance inhabituelle que je ne ressens pas toujours de la même manière à l'église, comme si le sacré horizontal du temple m'enveloppait délicatement et me rendait très proche des « frères » et « sœurs » venus m'écouter.

En taillant dans la pierre brute, le maçon cherche à édifier son temple intérieur. Long parcours initiatique pour apprendre à se connaître et à fraterniser par le biais d'une démarche symbolique qui s'exprime à travers une pratique rituelle concrète. Les rites nous aident à « mettre de l'ordre dans le chaos », me disent des amis maçons, et à installer un climat d'écoute. Mais ils ont aussi pour fonction de délimiter un temps suspendu et un espace sacré en rupture symbolique avec la vie profane. Le monde et ses représentations sociales restent à l'extérieur pour qu'à l'intérieur se construise une expression libre et égalitaire.

Un « frère », chrétien pratiquant, me disait avoir retrouvé le sens du rite en maçonnerie. Dans l'église qu'il fréquente encore, il regrette la perte du mystère et se demande souvent si ses coreligionnaires ne sont pas plus « croyants » que « spirituels ». Dans la liturgie chrétienne, poursuit-il, on ne voit pas toujours le sens du geste posé. La maçonnerie relie davantage les étapes d'une liturgie et met plus de lien entre les gestes et les mots.

L'heure n'est-elle pas au dialogue entre les rituels ? Loin de moi l'idée de réduire les différences, de relativiser ou de rapprocher artificiellement. Mais de stimuler les démarches célébrationnelles. Pour réenchanter la liturgie, on ne peut pas être seul. Pour y réintroduire du rêve, du mystère et de l'imagination, il est bon de puiser aux bonnes sources. Et la franc-maçonnerie en est une. Je l'ai mesuré en invitant au prieuré, il y a quelques années, cinq grands maîtres et maîtresses d'obédiences différentes pour débattre de nos chemins spirituels respectifs. L'église, pleine à craquer, a vu des maçons et des non-maçons s'engager dans d'heureux échanges qui encourageaient la confrontation des expériences et le dialogue des interprétations. Comme on peut aussi l'espérer entre les religions. Tel rite posé dans le catholicisme peut avoir une lecture différence dans la pratique protestante. Et il est heureux que les deux puissent en parler. Alors pourquoi pas avec la franc-maçonnerie ? Qu'est-ce qui fait peur ? Elle n'est pas une religion de substitution. Elle ne vient pas « concurrencer » la foi chrétienne. Elle ne pratique pas un « sacrement de l'initiation ». Mais chacun, sur son chemin spirituel, maçon ou non, est invité à « dégrossir sa pierre ». N'est-il pas bon d'interroger ensemble les marteaux, burins, ciseaux et autres gradines qui aident à l'alléger ?

Élargissement encore, le jour où je découvre dans ma boîte aux lettres le recueil des poèmes de Michel Baglin, *L'Alcool des vents*, qu'un ami vient de m'adresser.

Je m'arrête d'abord au proverbe placé en exergue : « On ne peut donner rendez-vous au vent, mais on peut laisser la fenêtre ouverte. » Exactement ce que je tente de dire sur la célébration. Ça commençait bien. Je tourne la page et me trouve devant la première ligne du livre : « Tout compte fait, si je devais rendre grâce ce serait à des riens. » Me voilà encore plus attentif. Et l'auteur poursuit :

De l'anodin qui compte pour zéro dans les colonnes et pèse pourtant dans la balance.
Des paysages et des passants qui ne figurent qu'au désordre du jour,
un peu de violon dans les fils télégraphiques pour faire chanter une route d'hiver[1].

Le recueil est découpé en quatre-vingt-quinze séquences. Et quatre-vingt-quinze fois l'auteur va rendre grâce, en précisant à l'entrée du deuxième texte : « Ne t'étonne pas que je rende grâce, moi l'athée. Je ne m'adresse qu'au vent… » Je m'étonne quand même un peu… et ne vais plus quitter un livre qui m'offre les mots que je cherche tout au long de mes explorations célébrantes. Ai-je jamais lu une prière eucharistique profane aussi sacrée ?

Auteur d'une vingtaine de romans, d'essais et de recueils de poésie, Michel Baglin vit dans la région toulousaine et dit aimer le vagabondage dans les rues avec le souci de ne pas dissocier l'écriture et la vie. En réponse aux quelques mots que je lui ai adressés après ma lecture, il me répond : « J'aime ces saluts que se font les randonneurs de la poésie sur les chemins d'encre, et ce n'est au fond que pour ce partage que j'écris. » [...] "Actions de grâce", oui, la formule me convient, que je prends dans un sens profane. De même que les croyants s'unissent dans la prière eucharistique, il me semble que tous les lecteurs (ou les auditeurs) s'éprouvent proches et semblables dans les images et les émotions, et la sensibilité que ravive le poème. »

Je sais, moi, que le poème de Michel Baglin a ravivé les images, les émotions et la sensibilité de ma prière eucharistique et je suis heureux de tenir ma fenêtre ouverte pour accueillir quelques actions de grâce d'un athée.

« Je rends grâce aux poches trouées qui ont laissé s'enfuir la poussière des journées [...] »

« Je rends grâce aux frontières que l'on passe en clandestin [...] »

« Je rends grâce aux rebelles à l'air du temps. »

« Je rends grâce en somme à tout ce qu'on dénigre [...] »

« Je rends grâce à ce qui m'aura blessé juste assez pour que je rassemble mon bagage [...] »

« Avec le recul je rends grâce même à ce qui m'aura dépeuplé. »

Depuis la découverte de *L'Alcool des vents*, chaque invité, croyant ou non, appelé à célébrer au prieuré, propose son action de grâce.

Pour renouveler la célébration, il ne suffit pas d'inviter des artistes à rejoindre librement une liturgie et à y apporter le stimulant de leur imaginaire. Il faut aussi aller les voir « chez eux », là où ils sont sur scène habituellement, comme je l'ai fait, mais ce n'est qu'un exemple, avec le *Requiem* de Mozart.

Célébrer sans frontières et oser l'élargissement, jusqu'à réenchanter ce fameux *Requiem*... voilà le défi qu'ont relevé Fabrizio Cassol et Alain Platel, magistralement.

Je connaissais déjà l'art exceptionnel du métissage musical que proposait le compositeur bruxellois Fabrizio Cassol pour avoir eu le bonheur de l'accueillir comme artiste en résidence à l'université de Louvain. Ce brillant saxophoniste qui a parcouru le monde avec son trio Aka Moon a toujours voulu introduire des sons venus d'ailleurs jusqu'au cœur de la musique la plus classique. Un métissage que le chorégraphe et metteur en scène gantois Alain Platel a, lui aussi, beaucoup pratiqué. Autour de la mort en particulier. Et quand ces deux-là se mettent en tête de revisiter le *Requiem* de Mozart avec d'autant plus de liberté que la partition originale est inachevée... cela donne un spectacle inouï qui vient offrir à l'art de célébrer une force et une imagination peu communes. Un *Requiem* qui va prendre chair à travers la présence de « L ». « L » existe vraiment et se trouve en fin de vie. Le chorégraphe la connaît. Il la rencontre et lui explique son projet. Accepterait-elle que des proches filment ses derniers instants ? Elle dit oui, et l'entourage aussi. Du coup, le *Requiem* de Mozart-Cassol va devenir *Requiem pour L*. Des images d'elle, en noir et blanc, seront projetées sur grand écran tout au long du spectacle, son visage, des mains qui la caressent... jusqu'au dernier souffle.

On devine le risque de polémique. N'est-ce pas voyeuriste ? Mettre la mort en scène de cette façon-là, n'est-ce pas l'instrumentaliser ? Je ne l'ai pas vécu ainsi, au contraire. À mes yeux, *Requiem pour L* est une véritable célébration dans laquelle le public se trouve entraîné, surtout par l'intérieur. Pendant deux heures, il va vivre une authentique liturgie de deuil qui a le grand mérite de conjuguer les rituels et de croiser les expressions puisque sur scène, on chante, on danse, on murmure, on se recueille, on se tait... pour dire son chagrin par tous ces chemins. Et comme dans toute vraie démarche célébrationnelle, l'aménagement du lieu et des mouvements va beaucoup compter. Ici, Platel a l'audace de représenter sur scène le *Denkmal*, ce mémorial aux victimes de l'Holocauste inauguré à Berlin en 2005. Et l'on voit les danseurs se mouvoir dans un champ de stèles irrégulières, en béton, sur lesquelles ils vont déposer des cailloux à la manière juive. Bouleversante façon de rappeler que la mort individuelle n'est pas étrangère à la mort collective : il ne faut pas séparer « L » et « Eux ».

Il est important d'ajouter que la troupe s'empare

d'« L » avec une infinie délicatesse. Les comédiens l'exposent, oui, mais ils en prennent soin comme d'une pierre précieuse, et en la montrant de cette façon-là, ils permettent à chaque participant d'entrer lui-même dans son propre « Repos ».

SALOMÉ

Je n'ai jamais rencontré Salomé.

Son si beau nom vient de l'hébreu *shalem*, « sain et sauf », dont la racine évoque l'intégrité, la paix et la plénitude.

Un jour, sa maman me téléphone. Je ne la connais pas. Elle me parle de sa fille plongée depuis un an dans le coma après un terrible accident de la route. « Mon enfant n'est plus qu'une plante, me dit-elle, que nous accompagnons jour après jour, de toute notre affection. Mais ce n'est pas une vie. Ça ne l'est plus. Je ne crois pas que ma fille aurait voulu un tel prolongement. Avec mon mari et mon fils, nous avons décidé de la laisser s'en aller en paix. Elle partira dans quelques semaines. Pouvons-nous en parler ? »

Quand j'ai rencontré les parents, j'ai d'abord cru qu'ils voulaient évoquer ce choix d'interrompre une vie prolongée artificiellement depuis des mois. Mais non. Leur décision était prise en concertation avec l'équipe médicale. Ils souhaitaient me voir pour préparer le dernier adieu et, si possible, vivre cette célébration dans mon prieuré. Au fil de la conversation, je comprends qu'ils sont loin des milieux paroissiaux, qu'ils n'ont aucune attache avec un lieu symbolique particulier, mais qu'un adieu « civil » serait un peu court. Ils cherchent et me demandent une célébration spirituelle pluraliste, et que j'accepte, si possible, de la présider « chez moi ». J'ai dit oui et j'en suis heureux, profondément. Je n'imaginais pas que cet au revoir allait creuser en moi un chemin aussi vaste.

La préparation de la liturgie était déjà d'une rare intensité. Des camarades de cours, des amis d'enfance, des proches de ses loisirs et de ses engagements, son copain… m'ont apporté des chansons qu'ils voulaient faire entendre ou interpréter, des musiques, des textes, des témoignages, des propositions de démarches rituelles. À un moment, ils me demandent :

– Pourrait-on mettre de la paille dans l'allée centrale de votre église ?

– De la paille ?

– Oui. Salomé adorait sa jument et la montait avec une telle grâce. Nous aurions aimé qu'elle soit présente à ses funérailles… mais ce sera un peu difficile. Alors, en souvenir de sa passion pour l'équitation, nous voudrions déposer son cercueil sur la paille.

J'étais bouleversé.

Noël derrière nous et déjà devant nous.

L'enfant dans la mangeoire.

La jeune fille sur la paille.

Un cheval à la place de l'âne et du bœuf, mais le même souffle chaud, la même tendresse, la même fragilité.

Salomé aux hommes de bonne volonté !

Dans l'église, outre la paille, des fleurs, des dessins, des photos, un écran, un piano…

Dans le livret de la célébration, en ombre chinoise, Choupi, la jument. Élancée à travers les textes, elle penche la tête et verse une larme à la dernière page…

La chanson de U2, « Moment of surrender », qui ouvre la liturgie, donne le ton dès les premiers mots :

Je me suis attaché avec des fils
Pour laisser les chevaux galoper librement
J'ai été dans chaque trou noir
À l'autel de l'étoile sombre
Mon corps est maintenant un gobelet de mendiant
Suppliant de revenir, suppliant de revenir
À mon cœur
Au rythme de mon âme
Au rythme de mon inconscient
Au rythme qui demande
À être libéré de toute emprise

Un « moment d'abandon » où Salomé se donne tout entière.

Ravel, Baudelaire, Michael Jackson, l'Évangile, Mozart, Leonard Cohen… vont se succéder au fil des témoignages et dans une tonalité tellement œcuménique. La famille et les jeunes qui ont préparé y tenaient par-dessus tout : que cette liturgie en mémoire d'une amie « aux cheveux d'or » soit le rassemblement de nos tendresses et de nos regards. La laïcité était au rendez-vous. Le christianisme aussi. Mais je reste particulièrement marqué par la prière chantée en arabe par une jeune femme musulmane et par l'extrait du *Kaddish* qu'une autre femme, juive, va interpréter au bord du cercueil.

Nous venions de déposer Salomé un moment sur la paille. En quittant la crèche, où allait-elle reposer ?

« Où voulez-vous qu'elle aille ! me disent les parents. Un cimetière, non. Nous n'avons pas de jardin. Et puis, la maison, nous allons la quitter. C'est trop dur d'habiter encore où elle a vécu et où nous l'avons veillée. Elle sera si bien au prieuré… »

Nous avons convenu qu'elle rejoindrait le jardin et qu'elle ensemencerait un tout jeune magnolia.

Chaque dispersion est unique. En tout cas, je voudrais qu'il en soit toujours ainsi. Et que des rites continuent à s'inventer.

Une maman qui a perdu, elle aussi, une fille très jeune, me confie : « Hélène est morte il y a sept ans et trois mois. Jamais jusqu'ici je n'avais pu lui dresser une stèle autrement qu'avec de pauvres mots. Maintenant, j'ai rassemblé d'elle quelques traces vives : une mèche de cheveux, quelques cendres préservées de la semaison que je fis secrètement en mer, selon son vœu, entrant dans les eaux jusqu'où je le pouvais, répandant mon enfant dans du vivant. »

Nous avons aussi répandu Salomé dans du vivant.

Au retour du centre funéraire, après la crémation, nous n'étions plus que quelques proches au bord du modeste trou ouvert dans la verdure. Nous y avons d'abord placé le magnolia. Et puis chacun, les parents, le frère, les grands-parents, quelques amis… a pris un peu de cendres. Des cendres pleines d'éclats d'argent. Le geste m'habite encore, et le mouvement, si beau : une poignée de Salomé, une poignée de terre, une poignée de Salomé… Je revois chaque visage, celui du grand-père maternel surtout, effondré, tout en larmes : « Ma petite fille, ma petite fille… » Et il reprenait une poignée de cendres.

J'ai la chance d'habiter sur place. Je regarde grandir le magnolia. Je regarde grandir Salomé. Et je la remercie de veiller sur Noé.

Les jours ont passé.

Le grand-père nous a quittés.

Et la maman de Salomé m'a demandé : « Peut-il veiller sur sa petite-fille ?…. »

Disperser la vieillesse près de l'enfance.

Je pense au poème de Corinne Hoex :

Tu es mort
sans quitter ta jeunesse.
Où déposer
l'amour pour le vieil homme[1] ?

Émile, Noé et Salomé dorment dans le « paradis blanc[2] » du prieuré.

Ils n'ont pas quitté leur jeunesse.

Notes

Célébrer le quotidien

1. Jean-Pierre Lemaire, *Le Pays derrière les larmes*, Paris, Gallimard, 2016, p. 283.
2. J'emprunte à Rilke l'expression « faire avec de l'ici de l'au-delà ».
3. Xavier Zeegers, « Éteignez le feu. Oh, Johnny, si tu savais le deuil que tu nous fais… » in *La Libre Belgique*, 19 décembre 2017, p. 39.
4. I Pierre 2, 9.
5. Jan Grootaers, *De Vatican II à Jean-Paul II, Le grand tourment de l'Église catholique*, Paris, Éd. du Centurion, 1981.
6. Jean 4, 1-42.
7. Bernard Feillet, *L'Arbre dans la mer*, Paris, Desclée de Brouwer, coll. « Littérature ouverte », 2002, p. 97-99.
8. J'ai rassemblé ici, en quelques lignes, les propos des deux auteures d'un livre bouleversant : Claudine Hunault et Nathalie Milon, *Comme une épaisseur différente de l'air*, Le Chambon-sur-Lignon, Cheyne éditeur, coll. « Grands Fonds », 2015.
9. Alexis Jenni, *Son visage et le tien*, Paris, Albin Michel, 2014, p. 80.
10. Erri De Luca, *Les poissons ne ferment pas les yeux*, Paris, Gallimard, 2013, p. 128.
11. Exode, 16, 4.

12. Jacquot Grunewald, *Chalom, Jésus ! Lettre d'un rabbin d'aujourd'hui au rabbi de Nazareth*, Paris, Albin Michel, 2000, p. 56.

13. Luc 22, 19.

14. Rainer Maria Rilke, *Le Livre des images, première partie du deuxième livre, l'Annonciation*, Paris, Gallimard, La Pléiade, 1997, p. 221-222.

15. Éric Fottorino, *Un territoire fragile*, Paris, Stock, 2000 et Gallimard, coll. « Folio », 2009, p. 99.

16. Psaumes 57, 9.

17. Martin Steffens, « Au faîte de la musique », billet dans *La Croix* du 17 janvier 2017.

18. *Ibid.*

19. Luc 2, 46.

20. Luc 2, 40.

21. Matthieu 5, 4.

22. Marc 5, 23.

23. Marc 5, 41.

24. Épître aux Éphésiens 5, 14.

25. Matthieu 8, 22.

26. Lytta Basset, *Ce lien qui ne meurt jamais*, Paris, Albin Michel, 2007, p. 136. Le verset qu'elle cite, « Si les morts… », vient de I Cor 15, 13 et 16.

27. L'éternité de Victor, ses parents ont souhaité qu'elle s'exprime aussi à travers un fonds créé en sa mémoire et en relation avec sa passion : la lecture. Encourager des jeunes de douze à quinze ans à passer du temps dans les livres, mobiliser les écoles, susciter les projets, éveiller les imaginations. Par exemple proposer à des élèves de devenir récitants, de choisir un texte « coup de cœur » et de le présenter dans un lieu original où les visiteurs seront invités à découvrir les plus beaux récits de leur enfance.

28. Christoph Theobald, *Le Christianisme comme style. Une manière de faire de la théologie en postmodernité*, Paris, Cerf, 2007.

29. Jean-Yves Quellec, *Dieu face nord*, Publications de Saint-André, Cahiers de Clerlande n° 7, 1998, p. 46.

30. Frédéric Boyer, *Le dieu qui était mort si jeune*, Paris, POL, 1995, p. 24-25.
31. François Cheng, *Le Livre du vide médian*, Paris, Albin Michel, 2004, p. 51.
32. Adresse courriel de ce projet : info@pass-ages.be
33. Dans Anne Pardou, *Si petits si forts*, témoignages rassemblés et édités par l'auteur en 2007.
34. Genèse 1, 27.
35. Genèse 24, 1-67.
36. I Samuel 16, 4-13.
37. Luc 2, 29.
38. Luc 10, 30-37.
39. I Samuel 16, 1-14.
40. Matthieu 25, 1-13.
41. Exode 30, 22-35.
42. I Rois, 10, 10.
43. Merci à Jean et Popy qui ont inspiré ce rite de partage des onctions.

Célébrer les jours saints

1. Claudine Hunault et Nathalie Milon, *Comme une épaisseur différente de l'air*, *op. cit.*, p. 10 et p. 81.
2. Michée 4, 4.
3. Matthieu 5, 13.
4. Lévitique 2, 13.
5. Gérard Bessière, *Dieu est bien jeune*, Paris, Cerf, 1976.
6. Exode 14, 21-22.
7. Jean 13, 4-5.
8. Lévitique 2, 1-2.
9. I Rois 17, 8-14.
10. Luc 22, 39-42.
11. Jean 12, 2-3.
12. Marc 14, 6-9.
13. Luc 22, 19.

14. Marguerite Yourcenar, « Marie-Madeleine ou le salut » dans *Feux*, Paris, Gallimard, coll. « L'Imaginaire », 1974.

15. Marion Muller-Colard, *Détails d'Évangile*, Tournus, Passiflores, 2012.

16. Jean 13, 12-15 et 15, 15.

17. Magda Hollander-Lafon, *Quatre petits bouts de pain. Des ténèbres à la joie*, Paris, Albin Michel, 2012.

18. Jean 1, 1.

19. I Rois 19, 11-12.

20. On découvrira d'autres souvenirs de Brigitte Fossey dans un livre à trois voix où elle dialogue avec Marie Cénec et Catherine Salviat, *La Passion du verbe. Regards de femmes*, Allauch, Onésime 2000, 2016.

21. Luc 22, 10-12.

22. Jean-Philippe de Tonnac, *Azyme*, Arles, Actes Sud, 2016.

23. Béatrice Libert, « Festin de silence » dans *L'Heure blanche* in *Encres vives*, n° 252, août 1999.

24. Magda Hollander-Lafon, *Quatre petits bouts de pain*, *op. cit.*, p. 73.

25. Jean-Philippe de Tonnac, *Azyme*, *op. cit.*, p. 130-131.

26. Gilles Baudry, *Instant de préface*, Rougerie, 2009, p. 21.

27. Gabriel Ringlet, *Ma part de gravité*, Paris, Albin Michel, 2002.

28. Sylvie Germain, *Chemin de Croix*, Paris, Bayard, 2011.

29. Marie Rouanet, *Chemin de Croix des femmes*, Paris, Desclée de Brouwer, 1999.

30. Matthieu 27, 46.

31. « La Passion relue par Armel Job », prieuré de Malèves-Sainte-Marie, 22 avril 2011. Texte non édité.

32. Karima Berger, *Éclats d'islam, Chroniques d'un itinéraire spirituel*, Paris, Albin Michel, 2009.

33. Etel Adnan, *L'Apocalypse arabe*, Paris, L'Harmattan, 2006.

34. Frédéric Boyer, *Le dieu qui était mort si jeune*, *op. cit.*, p. 21-22.

35. *Ibid.*, p. 21-22.

36. Agnès Bressolette, *Nés vulnérables. Petites leçons de fin de vie*, Paris, PUF, 2013.

37. « La religion de l'amour », poème d'Ibn Arabi, calligraphié par A. Dekhli, père de Karima Berger.

38. Farid al-dîn'Attâr, *Le Cantique des oiseaux*, traduction du persan par Leili Anvar, Paris, Diane de Selliers, 2014.

39. Rûmî, *La Religion de l'amour*, textes choisis et présentés par Leili Anvar, Paris, Points Seuil, coll. « Sagesses », 2011.

40. Leili Anvar, Malek Jân Né'mati, « *La vie n'est pas courte mais le temps est compté* », Paris, Diane de Selliers, 2007 et 2013.

41. *Ibid.*, p. 78-79.

42. *Les Quatrains de Rûmî. Calligraphies de Hassan Massoudy*, Paris, Albin Michel, 2000.

43. Genèse 1, 14.

44. Genèse 12, 1-2.

45. Exode 14, 21-26.

46. Jean 9, 1-3.

47. Marc 5, 40-41.

48. Marc 16, 3.

49. François Troukens, *Armé de résilience*, Paris, First Éditions, 2017.

50. Marc 16, 1-3.

51. *Voici. 30 chansons de Jacques Brel.* À l'orgue Frédéric Lamantia, Avanti classic et Éditions Jacques-Brel, 2013.

Célébrer sans frontières

1. Michel Baglin, *L'Alcool des vents. Poèmes*, Toulouse, Éditions Rhubarbe, coll. « Texture », 2010.

Salomé

1. Corinne Hoex, *Cendres*, Noville-sur-Mehaigne, Esperluète Éditions, 2002.

2. Chanson de Michel Berger, entendue pendant la dispersion.

Remerciements

Merci à Jean Bauwin et Patrick Tyteca, relecteurs attentifs de mes manuscrits.

Ma gratitude s'adresse aussi à Caroline Valentiny qui a suivi et encouragé les métamorphoses de mon texte. Je veux y associer Lindsay Devillers pour son remarquable travail secrétarial.

Je tiens également à dire ma reconnaissance à celles et ceux qui m'ont invité à les accompagner et à célébrer avec eux leurs traversées.

Je veux enfin saluer mon prieuré et ceux qui le fréquentent. J'espère qu'ils reconnaîtront, à travers ce livre, quelques traces de leurs propres pas.

Table

CÉLÉBRER LES JOURS SAINTS

CÉLÉBRER SANS FRONTIÈRES

DU MÊME AUTEUR

Le Mythe au milieu du village. Comprendre et analyser la presse locale, Bruxelles, Vie ouvrière, 1981.

Dieu et les journalistes (sous la direction de), Paris, Desclée de Brouwer, 1982.

La Puce et les Lions. Le journalisme littéraire (avec Lucien Guissard), Paris, Éditions universitaires, et Bruxelles, De Boeck, 1988.

Le Guide des médias (sous la direction de), 4 vol., Bruxelles, Kluwer, 1989-1996.

Ces chers disparus. Essai sur les annonces nécrologiques dans la presse francophone, Paris, Albin Michel, 1992 ; nouv. éd. en poche, préface de Jean-Claude Bologne, Bruxelles, Labor, coll. « Espace Nord », 2002.

Écrire au quotidien. Pratiques du journalisme (avec F. Antoine, J.-F. Dumont, B. Grevisse et P. Marion), Bruxelles, Vie ouvrière, et Lyon, Chronique sociale, 1995.

Dialogue et liberté dans l'Église (avec Jacques Gaillot), Paris, Desclée de Brouwer, et Liège, L'Appel, 1995.

Un peu de mort sur le visage. La traversée d'une femme, Paris, Desclée de Brouwer, coll. « Littérature ouverte », 1997, rééd. 2015.

La Résistance intérieure, Bruxelles, RTBF Liège et Alice Éditions, coll. « L'intégrale des entretiens de *Noms de dieux* » d'Edmond Blattchen, 1998.

Une aventure universitaire (sous la direction de), Bruxelles, Université catholique de Louvain et Éditions Racine, 2000.

La Presse écrite en Belgique (avec J.-F. Dumont et B. Grevisse), Bruxelles, Kluwer, 1998, rééd. en 2002.

L'Évangile d'un libre penseur. Dieu serait-il laïque ?, Paris, Albin Michel, 1998 ; rééd. coll. « Espaces libres », 2002.

Éloge de la fragilité, Paris, Desclée de Brouwer, et Bruxelles, Éditions Racine, 2000 ; rééd., Paris, Albin Michel, coll. « Espaces libres », 2004.

Ma part de gravité. Un itinéraire entre Évangile et actualité, Paris, Albin Michel, 2002.

Chemins de spiritualité. Jeunes en quête de sens, (avec L. Albarello, J. Beauduin, G. Haarscher *et al.*), Paris, Desclée de Brouwer et Bruxelles, Éditions Racine, 2003.

Prières glanées, illustrées par Jacques Aubelle, Bruxelles, Fidélité, 2003.

Et je serai pour vous un enfant laboureur. Retourner l'Évangile, Paris, Albin Michel, 2006.

Ceci est ton corps. Journal d'un dénuement, Paris, Albin Michel, 2008 ; rééd., coll. « Espaces libres », 2014.

Entre toutes les femmes (avec Mannick), Paris, Desclée de Brouwer, 2011.

Effacement de Dieu. La voie des moines-poètes, Paris, Albin Michel, 2013.

Discours de réception de Sylvie Germain à l'Académie royale de Belgique, accueillie par Gabriel Ringlet, Paris, Albin Michel, 2015.

Vous me coucherez nu sur la terre nue. L'accompagnement spirituel jusqu'à l'euthanasie, Paris, Albin Michel, 2015 ; rééd. coll. « Espaces libres », 2018.

Composition Nord Compo
Impression CPI Bussière en décembre 2018
Éditions Albin Michel
22, rue Huyghens, 75014 Paris
www.albin-michel.fr
ISBN : 978-2-226-43747-1
N° d'édition : 21175/02 – N° d'impression : 2041413
Dépôt légal : septembre 2018
Imprimé en France